Athena

雅典娜

Susan Deacy

[美] 苏珊·迪西 著 黄卓尔 译

西北大学出版社
·西安·

项目支持

古典辞书编纂与古典语文学研究

（2020CDJSK47ZH07）

重庆大学"双一流"学科重点建设项目
"外国语言文学一级学科水平提升计划"

丛书中文版序

"去梦想不可能的梦想……"

什么是神？传说，出生于古希腊凯奥斯岛（Ceos）的诗人西摩尼德斯（Simonides），曾在公元前6世纪受命回答过这个问题。据说，一开始，他认为这个问题很好回答，可思考越久，他越觉得难以回答。若当初果真有人问过他这个问题，我也不相信他曾经得出令人满意的答案。当然这个传说，很可能是后人杜撰的。但是，关于西摩尼德斯及其探求规定神性构成要素的传说，可追溯至古代，表明关于定义"神-性"有多难甚或不可能，古人早就心知肚明。

本丛书试图处理的正是西摩尼德斯面对的问题，丛书采取的视角不是作为宽泛概念的"神"或"神性"，而是专注于作为个体的神圣形象：对于这些神祇和其他存在者，丛书将其置于"诸神"和"英雄"的总体名目之下。

丛书始于一个梦——这个梦符合一位对难以捉摸的超自然

存在者感兴趣的人。做这个梦的人,就是劳特里奇出版社前编辑凯瑟琳(Catherine Bousfield),她在 2000 年前后的一个夜里做了这个梦。凯瑟琳梦见她正在看一套丛书,每本书的研究主题是一位"奥林波斯"神,作者是研究这位神祇的专家。醒来后她确信,世上一定已经有了这样一套丛书——她肯定在哪里见过这些书,或许在某家书店橱窗里,或在某家出版社的书单上。但在查询书单和询问同事后,她才逐渐意识到,这套丛书并不存在,而只存在于她的梦中。

当凯瑟琳与其他人,包括主编理查德(Richard Stoneman)分享她的梦时,得到的回应都一样:这套书应该已经有了。理查德和凯瑟琳朝着实现这个梦前进了一步,他们问我是否有兴趣主编这样一套丛书。我"毫不迟疑"地接受了邀请,因为,当时我正在研究一位特殊的古代神祇雅典娜,以其作为探索古代文化、社会、宗教和历史的工具。我欣然承担了此项任务,并开始为拟定的书目联络资深作者。我的邀请得到的回复都是满满的热情和"我愿意"(yesses),他们都表示有兴趣撰写某一本书,然而——尽管所有人都确信这套丛书是"好事",可将诸神和英雄作为独特对象来研究的做法,在学术界到底已经过时了。

当时学者的兴趣,大多在于古人在宗教事务上的作为——譬如,他们举行仪式时,以及在献祭活动中的做法——对这种崇拜的接受者，他们都没有多大兴趣。在为更"普通的"读者撰写的文学作品中，情况则全然不同，有些极好的"畅销书"和"咖啡桌边书"，展现了个别神祇与众不同的特点。我主编这套书的目的，就是要将处在学术边缘的诸神引入中心。

诸神在学者中失宠有一个原因，就是认为独特实体不是学术研究的可行主题，因为——尽管"畅销的"文学作品可以传达此主题——毕竟世上没有一样事物就是某一位神或英雄的某种"曾经之所是"。无本质要素，无连贯文献，无一致性格。相反，在艺术家和著作家笔下，任何一位神都呈现出千姿百态。每个群体都以截然不同的方式构想诸神；连每个家庭也是如此。的确，每个人都能与一位特殊的神建立属己的联系，并按照其特殊生活经验来塑造他。

在更早期阶段，学术界以一个假设作为出发点：每个神都具有其自己的本质和历史——对他们的宗教崇拜，的确千变万化、捉摸不定，尽管古代的多神教并不就是真正的多神教，在任何意义上也不存在多不胜数的神祇。古代宗教好像是由一组一神教构成的——这些一神教平行而不以任何有意义的方式相互重叠，就像对于古希腊人而言，有一个"宙斯宗教"，有一个"雅典娜宗教"，有一个"阿芙洛狄忒宗教"，如此等等；地中海和古代近东的其他文明中的宗教也是如此。譬如，对于罗马人而言，可以有一个"朱诺宗教"，也有一个"马尔斯宗教"，如此等等；在苏美尔人（Sumerians）当中，有一个"伊南娜宗教"（Inanna religion），有一个"恩基宗教"（Enki religion），有一个"马耳杜克宗教"（Marduk religion），如此等等。

这套丛书并不试图回到这种过于单一地理解古代诸神的方式。这种观点出自一种一神教，这是犹太-基督教看待古代宗教的方式。相反，这套丛书试图迎接挑战，探究一种宗教观念模式，其中的诸神内在于世界，诸神可以无处不在处处在，而且往往不可见，有时候也会现出真容。

丛书传达了如何描述诸神才对人类有益的方式，他们描述诸神的典型方式就是将其描述得像人类一样——拟人化，具有人类的形象和行为方式。或者，如丛书所记录的那样，人们也会以非人类的动物形象或自然现象来设想诸神。譬如，阿芙洛狄忒，她常被描绘为伪装成一个女人，有理想的体形，带有一种特别令人渴望的女性美，但也以石头的形象受到崇拜；或如雅典娜，她能够显现为一个披甲的女人，或显现为一只猫头鹰，或显现在橄榄树闪烁的微光中，或显现出一道犀利的凝视，作为 glaukopis［格劳考皮斯］：意为"眼神犀利的"，或眼神闪耀的，或灰眼的，或蓝绿眼的，或猫头鹰眼的，或就是橄榄色眼的。可能的译法之广泛本身就表明，有不同方式来传达古代表现任何神圣事物的某种特点。

总之，诸神能够无处不在，也被认为变化多端，但也仍然能够清晰地描述他们。丛书的另一个目标，就是要把他们当成截然不同的实体来把握，而且任何对显而易见的连贯性的观察，都需要以违背分类一致原则的宗教实体为背景。这也正是他们何以是诸神的原因：这些存在者能够具有表象，也能够活动在人类的世界中，但他们却是具有力量和魔力的实体，他们能显现，也能消失不见。

尽管现代西方人将诸神——或上帝——理解为超验全知和道德正直，他们也常常为诸神故事中所记述的行为震惊：他们会背叛其他神，会虐待其他神，也会表现出妒忌，甚或有杀婴和弑亲这样的恐怖行为。

古代诸神只是看似为现代西方人所熟悉。由于基督教扎根之后所发生的事情，古代诸神不再受到崇拜。在全然不同的宗教观念模式下，那些形象能够安插进基督教化了的德性观念之中，继续发挥重要作用。

与此同时，他们不再被视为真实的存在者，这些形象中很多变成了文化作品的主流——譬如，在艺术中，在"高级"和"低级"文学作品中，还有在音乐中，从古典音乐伟大时代的歌剧，到摇滚歌队"安提戈涅放飞"（Antigone Rising），再到流行艺术家嘎嘎小姐（Lady Gaga）以维纳斯的形象出场，几年前，还有一位流行歌星米诺（Kylie Minogue），扮作维纳斯的希腊对应者阿芙洛狄忒。或者，从美国（嘎嘎）或澳大利亚（米诺）的西方流行音乐，到韩国流行音乐（K-pop），也都是如此：2019 年，韩国"防弹少年团"（Korean boy band BTS）成员，各自戴着某个古代神祇的面具（金硕珍扮成了雅典娜，闵玧其扮成了赫菲斯托斯，郑号锡扮成了宙斯。接下来，金南俊是迪奥女，金泰亨是阿波罗，朴智旻是阿耳忒弥斯——最后——田柾国扮成了波塞冬）。

与此同时，对于一代年轻人来说，赖尔登（Rick Riordan）的佩西·杰克逊小说系列（Percy Jackson novels），创造了一个希腊诸神曾经存在过的世界，他们以伪装和被遗忘的方式活过了数世纪。

诸神和英雄仍然是现代的组成部分，西方文化受益于数世纪的古典传统，现代人能够感觉到与他们熟稔。丛书的另一目标是记录这些世纪的复制和挪用——正是这个过程，使古代的阿芙洛狄忒们、维纳斯们，等等，被误认为堪比曾生活在凡人中间的存在者——甚至连佩西·杰克逊小说系列，也依赖于一种理解：每个神都是一个连贯的实体。

丛书中文版的新读者，也许恰恰能以从前的读者所不具备的方式来理解丛书中的诸神和英雄。新读者也许更能理解一个诸神内在于其中的世界——在这个世界中，对于古希腊哲人泰勒斯（Thales）而言，诸神"内在于万物"。古代诸神——尽管对于现代西方人如此不寻常——能够进入每个人的梦。可以认为他们寓居于自然之境，或寓居于他们自己的雕像中，或居住在他们自己的神殿中。可以视其为人类的祖先，甚或视其为获得了神性的人类。

古代地中海和近东的诸神与中国诸神的亲缘关系，更甚于其与当代西方人的关系，当代西方人虽然继续在刻画他们，却不认为他们是这个世界所固有的诸神。

中国诸神，与希腊、罗马、巴比伦等文明中的诸神一样，数量众多；他们的确可谓不计其数。中国诸神与古典古代的众神相像，却与后来犹太–基督教西方的一神教体系不同，中国诸神可以是男神或女神。每个神，都像古代西方人的诸神那样，活动在很多领域之中。譬如，丛书中文版的读者所理解的赫耳墨斯，可能就像中国的牛头（Ox-head）和马面（Horse-Face），他是护送刚死的人到哈德斯神领地的神；作为下界的统治者，哈德斯——丛书未来规划中一本书的主题——堪比中国神话中的阎王（Yanwang）；赫拉作为天界至高无上的女性统治者，其地位可以联系天后斗姆（Doumu）来理解。万神殿中的诸神，也是人类的祖宗。希腊神宙斯，尤其可以当"诸神和人类的父亲"来设想。其他诸神——如赫拉克勒斯（Herakles / Ἡρακλῆς），这位声名卓著的神——也可能从前就是人类。

我很荣幸能介绍给大家一系列古代形象——女性的、男性的、跨性别的、善良的、恐怖的——这些形象无一例外耐人寻味，扎根于崇拜他们、讲述他们故事的人民的文化中。

丛书中的每一本书，开篇都首先提出值得以一本书篇幅来研究这个对象的原因。这个"为什么"章节之后的部分是全书的核心，探究古代刻画和崇拜这个对象的"关键主题"。丛书最后一章总结每个研究对象在后古典时代的"效应"（afterlife），有时候篇幅相对较短，如在《伊诗塔》（*Ishtar*）中；有时候则篇幅较长，尤其在《赫拉克勒斯》中，这是因为古代以降对研究对象的描述十分宽广。每本书带有注解的"参考文献"，为读者指引深入研究的学术领域。

一言以蔽之，欢迎中国读者阅读"古代世界的诸神与英雄"丛书——欢迎你们来到一个由著作构成的万神殿，这些著作的主题是非凡而又多面的存在者，每位作者所要表现的就是他们的独特之处。此外，每位作者又都是其主题研究领域的专家，正如凯瑟琳所梦想的那样。

苏珊·迪西（Susan Deacy）

于伦敦

2023 年 1 月

（黄瑞成 译）

献给罗翰（Rohan）、杰克逊（Jackson）和瑞安文（Rhianwen）

目 录

丛书前言：为何要研究诸神与英雄？ 007
致谢 013
插图目录 014

为什么是雅典娜？ 001

介绍雅典娜 003
雅典娜是谁？ 004
面对多样性 006
雅典娜及其属性 009
本书的研究范围 011
拼写与翻译说明 019

关键主题 021

一、雅典娜的诞生 023
引子：罕见的头疼 023
前身 026

捕捉关键时刻	*029*
世界的恐惧：献给雅典娜的荷马颂诗	*035*
权力继承的神话与母权的失势	*039*
小结	*044*

二、追踪雅典娜的起源 — *046*

引子：起源重要吗？	*046*
雅典娜、母权与女神运动	*048*
巴霍芬与"母权"	*051*
"蛇"与"持盾女神"	*053*
批判母权神话	*055*
古代世界的女战神：雅典娜的女性祖先？	*057*
小结	*061*

三、从起源到功能：众神间的雅典娜 — *062*

引子：直面众神	*062*
"新路径"：功能主义范式	*063*
雅典娜与波塞冬：马和大海	*065*
雅典娜与赫菲斯托斯：技术性手工艺	*070*
雅典娜与阿瑞斯：战争	*076*
小结：理解雅典娜的关键？	*081*

四、男性英雄、女性英雄与特洛亚战争 — *083*

引子：助友损敌	*083*

远征的英雄们	*086*
奥德修斯与赫拉克勒斯	*088*
"那宙斯所生的特洛亚女孩"	*095*
神话中的女性：助男损女	*100*
小结	*102*

五、雅典娜在雅典：保护者、象征与"母亲"   *104*

引子	*104*
雅典娜、宙斯与社会凝聚力	*107*
波塞冬与属地之争	*112*
雅典娜的"孩子们"：厄里克托尼奥斯出生的故事	*114*
性别化的雅典娜	*116*
死亡与永生	*119*
神化与崇拜	*122*
小结	*125*

六、早期雅典的历史   *127*

引子	*127*
"阿塔娜的女主人"与迈锡尼的宫殿	*131*
村镇联合	*134*
公元前 566 年的那些事：公元前 6 世纪	*136*
波斯入侵	*141*
小结	*144*

七、一切关涉雅典娜？古典时代的雅典卫城　　146

引子　　146

战争之后　　147

统一与帝国主义　　150

美化城邦：帕特农神庙　　152

小结　　166

八、更广阔的希腊世界　　167

引子　　167

超越雅典　　169

斯巴达：青铜房屋与排钟　　173

阿耳戈斯："明目的雅典娜"　　175

阿卡狄亚：生育女神？　　178

德尔斐与其他地方：儿童的概念与对儿童的保护　　181

同化：阿娜特与密涅瓦　　185

小结：雅典娜的多样性？　　188

雅典娜效应　　191

九、从存在者到形象：基督教的崛起与后古典时代的世界　　193

引子：超越古代　　193

从厌恶异教徒到伦理象征　　194

寓言与象征　　199

文学中的雅典娜　　205

女权主义与性别理论	211
小结	215

拓展阅读	217
参考文献	225
索引	242

附录：古代世界的诸神与英雄译名表	260
跋"古代世界的诸神与英雄"	275

丛书前言：为何要研究诸神与英雄？

正当的做法，

对于开启任何严肃谈话和任务的人而言，

就是以诸神为起点。

——德摩斯泰尼《书简》（Demosthenes, *Epistula* 1.1）

古典古代的诸神和英雄是我们文化的构成部分。他们大多数成为诗人、小说家、艺术家、作曲家和电影人创作的灵感源泉。希腊悲剧的持久魅力保证了人们对其主人公的遭遇和苦难的熟稔经久不衰，而英国最新的一所大学林肯大学（University of Lincoln）选择密涅瓦（Minerva）作为校徽标志，表明了古代诸神持久的象征潜能。甚至管理界也用诸神作为不同风格的代表：譬如，宙斯（Zeus）与"俱乐部型"文化（the "club" culture），阿波罗（Apollo）与"角色型"文化（the "role" culture）（参见汉迪［C. Handy］《管理中的诸神：他们是谁，他们如何发挥作用，他们为什么失败》［*The Gods of Management: Who they are, how they work and why they fail*, London, 1978］）。

这套丛书的关注点在于：这些神的形象如何又为何能持久引人入胜和令人神往。还有另一个目的，那就是探究这些形象的奇特之处。熟稔诸神和英雄也有风险，会模糊其现代意义与古代功能和目的之重大区分。除了某些例外，如今人们不再崇拜他们，但对于希腊人和罗马人而言，他们真实存在，处在一个简直是包括成百上千种神力的体制之中。他们的范围从主神到英雄再到精灵和仙女这样的形象，每位主神都按照其尊号或"绰号"制作的装束受到崇拜，英雄则是与本地社群关联在一起的已故个体。景观中点缀着圣殿，山川树木被认为有神明居于其间。研究古代异教，涉及找到策略，以理解一个万物——用泰勒斯（Thales）的话说——"充满了诸神"的世界。

为了把握这个世界，有必要将我们关于神圣之物的先入之见放在一边，后者主要由基督教关于一位超验全能、道德善好的上帝的观念所塑造。希腊人和罗马人的崇拜对象数不胜数、有男有女，他们的外貌、行为和遭遇与人类无异，只是作为不死者不受人类处境束缚。他们远非全能，各自能力有限：连至高无上的宙斯/朱庇特（Jupiter），也要与兄弟波塞冬/尼普顿（Poseidon/Neptune）（海）和哈德斯/普路托（Hades/Pluto）

(下界)分治世界。由于缺乏某种信条或有组织的教会,古代异教向不断重新解释保持开放,所以,我们不应期待会发现这些形象具有统一本质。通常着手解说众神(the pantheon)的做法是列举主神及其功能(赫菲斯托斯/福尔肯[Hephaistos/Vulcan]:手工艺,阿芙洛狄忒/维纳斯[Aphrodite/Venus]:爱,阿耳忒弥斯/狄安娜[Artemis/Diana]:狩猎,如此等等),但很少有神的功能如此单一。譬如阿芙洛狄忒,她远不只是爱神,尽管此项功能至为关键。她的绰号还包括hetaira("交际花")和porne("娼妓"),也可以证实她的身份变化多端,她既是公民全体的保护神(pandemos:"保护公民全体"),也是航海业的保护神(Euploia[欧普劳娅],Pontia[庞提娅],Limenia[丽美尼娅])①。

正是有鉴于这种多样性,本丛书各卷不包括每个神或英雄的传记(虽然曾有此打算),而是由探究其在古代异教世界综合体中的多重面相构成。如此规划进路,部分是为了回应以往研究的两种截然不同的模式。直到20世纪中期,学术界大多采用研究诸神和英雄个体的方式。很多著作提出了对每一形象的起源、神话和崇拜等问题的详尽评价:包括法奈尔(L.R.

---

① Euploia 在希腊语中意为"安全航海女神",Pontia 在希腊语中意为"海中女神",Limenia 在希腊语中意为"海港女神"。——译注

Farnell）在其《希腊城邦的崇拜》(*Cults of the Greek States*, five volumes, Oxford, 1896—1909) 中对主神的考察，还有库克（A.B. Cook）的三卷本巨著《宙斯》(*Zeus*, Cambridge, 1914—1940)。其他人运用理论方面的成就来研究诸神和英雄，值得一提（并且已有书目最接近一个统一的丛书）的是克雷尼（K. Kerényi）按荣格式（Jungian）的原型来研究诸神，包括《普罗米修斯：人类实存的原像》(*Prometheus: Archetypal image of human existence*, English tr. London, 1963) 和《狄奥尼索斯：不可毁灭的生命的原像》(*Dionysos: Archetypal image of the indestructable life*, English tr. London, 1976)。

与之相对，受法国结构主义影响，20世纪晚期，出现了由专门研究诸神和英雄，向探究其作为部分的体制的谨慎转变。确信研究单独的神不可能公正对待古代宗教的动态原理，受此刺激，众神开始被作为一个合乎逻辑的相互关联的网络来描绘，各种神力在其中以系统方式彼此对立。譬如，在韦尔南（J.-P. Vernant）的经典研究中，希腊的空间概念通过赫斯提亚（Hestia，灶神——固定空间）与赫耳墨斯（Hermes，信使和旅者之神——移动空间）的对立而神圣化：韦尔南《希腊人的神话与思想》(*Myth and Thought Among the Greeks*, London, 1983, 127—175)。但是，诸神作为分离的实体并未遭忽视，堪为范例的有韦尔南的著作，还有他的同事德蒂安（M. Detienne）专研诸神阿耳忒弥斯、狄奥尼索斯和阿波罗的著作：参见他最新的著作《阿波罗，手中的刀：研究希腊多神教的实验进路》（*Apollon, le couteau en main: une approche expérimentale du polythéisme grec*, Paris, 1998）。

某种意义上，本丛书在寻求一个中间地带。虽然进路是以唯一（尽管具有多样性）个体为主题，却关注他们的神力在宗教的集体性中的重要性。"古代世界的诸神与英雄"丛书，为古典古代很多重要的宗教事务投下了新的亮光，也为21世纪理解希腊和罗马多神教提供了进路。

本丛书意在引起普通读者的兴趣，也意在符合广泛学科领域的大学生之所需：从希腊和罗马宗教、古典文学和人类学，到文艺复兴文学和文化研究。每卷书分三大部分，对其研究的主题对象作出权威性的、易于理解和令人耳目一新的解说。"导言"提出关于这个神或英雄要研究什么，值得特别关注。接着是核心部分，介绍"关键主题"和观念，包括（角度不同的）起源、神话、崇拜和文学与艺术中的表现。考虑到神话遗产是其具有持久魅力的关键要素，古代以来对每个形象的接受，构成每卷书第三部分的主题。丛书各卷都包括关于某个神或英雄的插图、时序图、家谱和地图。一个带有注释的"参考文献"，综合了以往的研究成果，有助于更进一步研读。

为方便起见，丛书名称采用阳性术语"诸神"（gods）与"英雄"（heroes），尽管要为使用男权语言而表示歉意，但如此选择一定程度上也反映了古代的用法：希腊词 theos（神）也用于女神。为方便和一致，古代专名采用希腊语拼写，著名的拉丁语拼写例外，纪元采用 bc/ad 而非 bce/ce。

感谢鲍斯菲尔德（Catherine Bousfield），她担任编辑助理直到 2004 年，她（一字一句）设计丛书，一丝不苟积极主动，直至丛书接近出版。她的继任吉朋斯（Matthew Gibbons）工作努力高效，监督了丛书的出版进程，劳特里奇出版社的前古典学出版人斯通曼（Richard Stoneman），始终提供支持和专家意见。每一项提议的匿名读者，都提出了坦率而又富有助益的建议，作者们有前沿学术水准保证，就其设定的主题作出了易于理解的解说，这使得与其一道工作成为一桩乐事。

苏珊·迪西（Susan Deacy）

罗汉普顿大学（Roehampton University）

2005 年 6 月

（黄瑞成 译）

致　谢

我很感激劳特里奇出版社前古典学编辑斯通曼（Richard Stoneman），是他邀我撰写这本书的。"古代世界的诸神和英雄"丛书首位助理编辑是鲍斯菲尔德（Catherine Bousfield），她多年来持续不断地为我提供了支持与鼓励。她的继任吉朋斯（Matt Gibbons）在写作的最后阶段提供了有用意见。我初稿的读者们也提出了中肯见解。

我的朋友兼搭档维林（Alexandra Villing），在计划和写作的各个阶段，自始至终都鼓励我、激发我。我要感谢曼彻斯特大学和新近在罗汉普顿大学的各位同事和同学，感谢他们的关注与支持。

我的家庭也是支持来源，尤其是我的丈夫里奇（Rich），我对他感恩不尽。他对我的支持包括：思想上的激发，阅读本书草稿，当我在办公室奋笔疾书时，照顾我们的孩子。没有他，就没有这本书。

插图目录

（页码指原书页码）

除另作说明外，线图均为个人绘笔。

图 1：雅典娜正从宙斯的头里现身，赫菲斯托斯在逃离现场，阿提卡黑陶杯（页 22）

图 2：雅典娜在几位神祇的见证下诞生，阿提卡黑陶双耳瓶（页 24）

图 3：全副武装的猫头鹰，阿提卡红陶杯（页 36）

图 4：赫拉克勒斯与涅墨亚狮子，阿提卡黑陶双耳瓶（页 57）

图 5：伊阿宋被龙吐出来，雅典娜在旁观察，阿提卡红陶杯（页 62）

图 6：雅典娜向宙斯引荐赫拉克勒斯，阿提卡黑陶杯（页 66）

图 7：雅典四德拉克马银币，约公元前 490 年；首发于《北欧家庭之书（1904—1926）》（页 75）

图 8：雅典娜从盖娅手中接过厄里克托尼奥斯，阿提卡红陶杯（页 83）

图 9：雅典卫城山顶，厄里克提翁神庙在左，帕特农神庙在右，吕卡贝托斯山在远处可见，在厄里克提翁神庙的右边。图源：丹奇（页 86）

图 10：雅典卫城平面图，约公元前 400 年（页 87）

图 11：年表：雅典历史（页 93—94）

图 12：雅典娜·莱姆尼亚（页 107）

图 13：帕特农神庙平面图（页 113）

图 14：帕特农神庙东侧饰带 29—37（页 114—115）

图 15：雅典娜·帕特农模型（石膏像）（页 119）

图 16：希腊地图，展示了第八章中探讨的关键地点（页 126）

图 17：雅典娜位于玛尔玛利亚的圣殿，阿波罗神庙位于上方的高地（页 133）

图 18：吉奥达诺，《艺术和科学的保护女神密涅瓦》（页 146）

图 19：雅典娜在金雨中诞生，梅耶，《出逃的阿塔兰忒》（页 147）

为什么是雅典娜?

Why
Athena?

介绍雅典娜

帕拉斯·雅典娜,我开始歌颂你。
荣耀的女神,目光炯炯,足智多谋,有坚毅的心,
贞洁处女,城邦救星,勇敢无比,
特里托革尼亚。

——《荷马颂诗》①(*Homeric Hymn*, 28.1—4)

女神啊,即使聪明绝顶之人遇见你,
也很难把你认出,因为你善于变幻。

——荷马,《奥德修纪》(*Odyssey*, 13.312—313)

---

① 《荷马颂诗》(*Homeric Hymns*)包括献给诸神的古希腊颂诗33首,古典时代以降即在荷马名下流传,但据信并非全部都是荷马的作品。《荷马颂诗》中献给雅典娜女神的颂诗有两首:"雅典娜颂诗"11共5行;"雅典娜颂诗"28共18行。——译注

雅典娜是谁?

今天,人们想象中的雅典娜(Athena),常常是一位女战士形象,是正义、智慧和艺术等象征。由于扮演了古代城邦的保护女神的角色,她也被视为一种民族性的象征,尤其在雅典城邦(Athens),祭祀她的帕特农神庙(Parthenon)至今仍是城中最显眼的地标。她的形象长久以来表现为一个全副武装的女性:如像不列颠尼亚(Britannia)、自由女神像(the Statue of Liberty)、高耸于老贝利街(Old Bailey)英格兰中央刑事法庭(Central Criminal Court of England)的正义女神雕像。雅典娜女神本身的形象,在西方的很多城市都可以见到,包括我自己所在的城市卡迪夫(Cardiff)。在卡迪夫,一尊由泰勒(William Taylor)于1896年创作的雅典娜半身像,坐落在海耶斯(Hayes)一栋19世纪建筑的顶端。这栋建筑起初是个公共图书馆,所以,泰勒表现的是雅典娜与学习的关联。如今,机缘凑巧,这栋建筑变成了一个艺术中心,让它继续作为一栋与雅典娜有关的建筑再合适不过了。

今人对雅典娜女神的认知是个迷人的话题。然而,我们在本书中主要关注希腊人对雅典娜的认知和崇拜。当我们转向这

个主题时,我们遇到了一些特殊的问题,在此我想概述其中两个,因为,它们表明了所面对挑战的范围:

(一)对于我们而言,雅典娜的神力主要是一种象征。今天,雅典娜已不再是一个人们普遍崇拜的对象,仍在敬奉她的现代异教徒也只是人群中的少数。相反,在古代,她被视为一门宗教的主神之一,这门宗教深植于每个人的生命之中。雅典娜的持久知名度,有可能会混淆了"现在"和"过去"的区别:现在,对于我们而言,她是一个形象;而在过去,对于那些将她视为一个实在的人而言,她是可以干预凡人生命的神。

(二)古代的雅典娜是一位个性极为鲜明的神,她发挥的特定作用和她独特的外形使她在某些方面成为希腊人最强大的拟人化的创造。但同时,她又是一个我们难以与之抗衡的神系的诸神中的一员。我们很可能已经习惯了犹太-基督教(Judeo-Christian)所塑造的神的观念,认为上帝是最高的存在。然而,即使是宙斯,这位希腊众神中至高无上的神,他自己的力量也是有限的。我们该如何理解像雅典娜这样一位只是千百个神之一的女神呢?

为了理解雅典娜之于希腊人的意义,我们需要设法让她陌生化。我们需要将关于她的先入为主的观念放到一边,就像我们通常对待信仰和崇拜的观念那样。这个"引言"陈述了一些在理解雅典娜时所遇到的挑战，以及一些应对挑战的策略。这可以说明，本书会是怎样一本书，它又不会是怎样一本书。本书将确认古代某些最重要的雅典娜形象，以此作为进路来理解希腊人所认为的雅典娜的特殊神性。

面对多样性

主神有多重职能，以至于现代人将其概念化时（阿芙洛狄忒[Aphrodite]作为爱神，波塞冬[Poseidon]作为海神，等等）趋于过度简化。雅典娜尤以其多样性为特点，我将通过梳理她的种种化身（manifestations）来尝试说明这一点。

一个便利的出发点是那些用在雅典娜身上的尊号——对任何神而言，这些别名都指向其本质和功能的特殊方面。例如，作为波利阿斯（Polias[城邦保护者]），她被奉为城邦的保护女神，而作为普罗玛科斯（Promachos[助战者]），她成了"阵前斗士"或"战士"（champion）。雅典娜·帕特农（Athena Parthenos）意为"少女"雅典娜。雅典娜·许革亚（Athena Hygieia）增进健康，雅典娜·尼凯（Athena Nike）则是胜利女神。献给雅典娜的两首《荷马颂诗》中，较长的一首（*Hymn 28*）是方便理解其尊号构造之特点的文献。诗人需要在有限篇幅内，表现出她的突出品质。对于诗人而言，这"荣耀的女神，目光炯炯（glaukopis 基本意思为'眼睛闪闪发光'），足智多谋（polymetis 有时译为'非常狡猾'，但更指某物'诡计多端'）"。诗歌继续唱道，她还"有坚毅的心，是贞洁的处女，城邦救星，勇敢无比，特里托革尼亚（Tritogenia［或意为'在特里同出生的'］）"。大胆、难以和解、处女、狡猾的践行者……本书将思考，为何希腊人会崇拜这样一位有诸多化身的女神。雅典娜是谁？我们将思考：她是一个有诸多特殊品质的统一体，或者，她的多样性就是她本性的核心？

这种多样性也见于她的行事方式。希腊诸神具有多重神力，但雅典娜的这一特点尤为明显。例如，她是雅典和希腊世界无数城邦的保护神。她的职能不仅涵盖了男性活动的方方面面，如战争和冶金、马术这样的技术性活动，也有对女红的襄助。正如我们所见，她甚至还与分娩有关，虽然只是在某些特殊情况下。其他活动领域，包括健康、音乐，尤其是奥洛斯管（aulos）的制作与演奏，以及航海和造船等各种与海洋有关的活动。作为英雄们的保护神，她支持过伊阿宋（Jason）、奥德修斯（Odysseus）、赫拉克勒斯、佩耳修斯和柏勒洛丰等，在此仅举几例。

雅典娜面相多重的本性，使我们难以对她作出定性。例如，她是战争女神，但也是女红女神。她是贞洁女神，但在一些语境中她又是一个母亲的形象。当我们着眼于她和其他神的互动时，其多才多艺变得更为明显。作为技术女神，她与伙伴匠神赫菲斯托斯（Hephaistos）关系密切。作为战争女神，她弥补了阿瑞斯（Ares）的不足。与此同时，她支持宙斯作为神人之间正义的保证。在她真正的本性中，也有多才多艺的一面。例如，作为一个处女战士，在某种程度上，她处在爱欲女神阿芙洛狄忒的对立面。但在特定语境中，如我们将要看到的那样，她又具有阿芙洛狄忒的性格特征。

雅典娜是个不易把握的角色，我们无法用简单的概括为她定性，或许，我们若要找到一个理解她的线索，那应该和 metis［狡猾/智慧］即"狡猾的"有关。作为 polymetis［足智多谋者］，说到底她是个"诡计多端的"女神。如果我们企图为她定性，等于错失了重点。在希腊神话中表现 metis 的角色是典型的情景颠倒者。他们经常以变形出现，经常使用欺骗或伪装（cf. Detienne and Vernant 1978）。荷马史诗《奥德修纪》第13卷中，雅典娜向奥德修斯表明她的身份时，奥德修斯所说的话可以让我们吸取教训。奥德修斯作为 metis 的践行者，是希腊神话中与雅典娜最接近的凡人。这位 polytropos［行迹广泛者］——"富有旅行经验的"，或"历经波折的"——英雄，甚至共享了雅典娜的别名 polymetis［足智多谋者］。然而，当雅典娜出现在他面前时，引起他注意的却是这位女神的飘忽不定。"这太难了，哦，女神啊"，他评说道，"让一个凡人见到你就能认得你"，他进而说，甚至"无所不知者也是如此，只因你让自己相像于任何事物"（*Odyssey*: 13. 312—313）。

如果我们要确认雅典娜有某种潜藏在其多种行事方式之下的品质，那就是她的狡猾。但这一品质并不足以让我们对她作出总结，而是向我们表明，雅典娜的品质要点恰在于她始终"变幻莫测"。

雅典娜及其属性

雅典娜的多重面相，可在其诸多属性中得到进一步辨识。对她的典型描画是一位战士，头戴头盔，身携长枪盾。通常，她以神盾为外衣示人：一件带有鳞片的蛇形武器，能够让她的对手产生恐惧或直接使其缴械。其神力的这一维度，可以通过频繁使用带有戈尔贡形饰的（gorgoneion）神盾得到增强，这一点引起了弗洛伊德（Freud）等人的兴趣，他们认为这是阉割恐惧（emasculationg terror）的象征。她也与自然紧密关联，这要归于其多种动物属性，包括乌鸦、斯芬克斯（sphinx）、毒蛇，还有最重要的猫头鹰,它和雅典娜的联系如此密切,以至于可以描述为她的宠物甚或她的密友。

在古代对雅典娜最为伟大的艺术表现——即菲迪亚斯(Pheidias)在帕特农神庙中建造的、由金子和象牙制成的巨大雕像(图15)中,雅典娜身上的一系列属性被呈现得近乎荒谬。在这个形象中,这位女神满载头盔、盾牌、长枪、神盾和戈耳贡纹饰。头盔上就有一只斯芬克斯和一对狮鹫。她手持一个胜利女神的雕像,还有一条毒蛇盘绕在盾牌上。

雅典娜的每个属性都揭示了某种与众不同之处:例如,她的盾牌和头盔表明她是战士,而神盾证明了她的耀眼神力。若比较她与其他神的属性,就会有特别之处从雅典娜的身上浮现出来,这能够让我们识别出希腊人所认为的雅典娜的特殊神性。没有其他任何一个神具有如她这般多的属性。例如,雷电、权杖或鹰可以在瓶画或雕塑中指代宙斯,而三叉戟足以让人识别出波塞冬。当我们考虑到她的许多女神同伴都缺乏与众不同的特质时,雅典娜不寻常的本性就更加突出了。我们将在第一章(图2)看到的花瓶之一,展现一个方才出生的微小的雅典娜,她身着战士武装,光彩照人,甚至还佩戴着一个小小的戈耳贡纹饰。在观察其出生的诸神中,有一个或许是赫拉(Hera),但唯一的身份证明仅仅是她戴着的皇冠。赫拉常常缺乏独特的属性（Carpenter 1991: 40），再举一例，就像阿芙洛狄忒一样，她的特征是拿着一朵花或一面镜子，这两者都不能将她与其他女神区分开来。

属性使希腊人能够明确表达他们的诸神与众不同的特质。这些特质以一种可传达给人类的方式，提供表达神力的手段。我们可以将雅典娜的属性和她的诸神同伴相比较，由此理解她是如何被建构为一位神明的：身为女神被男性化，而这种男性化又有奇异之处。

究竟为什么会有雅典娜？她是一位个性鲜明的神，有着与众不同的外表和性格特征，但她又是难以捉摸的，性格直率却又令人迷惑，甚至作为古代多神教中的一位神，她也算是一位属性多样的神明。

本书的研究范围

构思本书是一个令人屡屡感到挫败的过程。在敲定以五万字左右描述雅典娜全部多样性的最佳方案之前，我曾列出多种草案。在此，我要提供支撑最终的目次结构的基本理由。

本书以雅典娜诞生为出发点，却不是为了写一部雅典娜传记：这样做不消说是一种冒险，更不用说在方法上会存在难题了。

古代诸神没有单一"生平"。没有单一地表现他们的权威方式，也没有关于他们的神话的"官方"版本。之所以从雅典娜诞生开始，一定程度上是出于方便，使我们一开始就能够面对她的某些最突出的、反复出现的特征。正如我们所见，她的诞生确立了她从一开始就与宙斯具有异常的亲密关系。这也呈现了她的战士特质，她一诞生就被认为展示出了令人炫目的战士神力，强大到足以使宇宙秩序暂时悬停。神话也提供了思考雅典娜性别特征的路径，借其诞生于宙斯的头脑，展现了父权制胜利的画卷，从而体现了宙斯压制雅典娜的母亲墨提斯的事实。

希腊宗教始于何处？关于其早期实践和传统的证据有限而令人沮丧，而有一种流行的学术倾向将公元前8世纪作为讨论该问题的起点。尽管如此，对雅典娜的起源和早期演变的研究兴趣经久不衰。于许多人而言，对其起源的探寻提供了一把解密其身份的钥匙，并且多数关注点集中在雅典娜女性特质和战士的男性气概孰先孰后。第二章将纵览各种解释其早期"历史"的尝试。许多早期研究路径，在今天看来已然过时了；然而，它们也在很大程度上塑造了今人对雅典娜的理解。此外，19世纪的巴霍芬（J.J. Bachofen）和20世纪上半叶的哈里森（Jane Harrison）以及其他学者取得的研究成果，在近几十年的"女神运动"（Goddess Movement）①中广为引用，这一运动的拥护者将雅典娜视为史前古老的自然女神与后世战神的合体。这条研究路径是有缺陷的，但它对今人认识这位女神产生过重大影响，因此仍将其选为这一章的主题。

撰写本书需要作出妥协：既要提供权威解释，涵盖雅典娜的关键角色与特性；又要竭力捕捉是何种特质使这位女神如此吸引古人。一项产于早先一代学术的雅典娜研究，承袭法内尔（Farnell, 1896—1909）和库克（Cook, 1914—1940）之传统，极有可能已认定她的多种尊号和属性，调查过她的圣殿和节日，也已探索过花瓶绘工和雕塑家们如何设法描绘她的肖像。如此研究路径的好处在于，它应该可以避免遗漏任何崇拜和代表雅典娜的重要方式。法内尔的五卷本《希腊城邦的崇拜》（*Cults of the Greek States*）是部精妙之作，仍在为研究雅典娜与书中涵盖的其他诸神提供有用的资料。对于宙斯多方面的描述，库克的三卷本、共五个板块的研究仍无出其右。如此研究路径的问题在于，它们未必能够还原是什么让雅典娜（或其他任何存在）被尊为神，她的多重角色与其化身有何关联，她各个方面的特

---

① "女神运动"指20世纪70年代在北美、西欧、澳大利亚和新西兰等地兴起的信仰运动，利用古希腊罗马神话中的女神崇拜来对抗男权主导的传统宗教，是女权主义在宗教信仰领域的一种表现。——译注

性之间是否有逻辑联系。此外，这种研究路径忽视了希腊宗教中一个不可或缺的元素：对众神间的神灵的信仰。采用"逐神论之"（god by god）的研究路径，可能会带来一种错觉，即诸神是孤立的存在，而非处于互联之中。

第三章将论述一条可行之道，以理解雅典娜的特殊神性与其在众神中的排位。继韦尔南（Jean-Pierre Vernant）、德蒂安（Marcel Detienne）等受结构主义影响的"巴黎学派"（Paris School）方法论之后，讨论希腊诸神而不参考其所处的多神崇拜体系，几乎是不可能的，即使布尔克特（Walter Burkert, 1985: 217—218）这种对他们的研究路径存疑之人亦如此。众神在这项研究中作为逻辑系统出现：这是一个网络，诸神互联互通，在系统中各有清晰定位。利用结构主义阐明雅典娜与其他诸神的互动，我们将探索结构主义在此的适用性。这条研究路径作为理解雅典娜之路，将通过三则案例研究得到检验：雅典娜与波塞冬的关系，涉及骏马与海；雅典娜与匠神赫菲斯托斯的互动；雅典娜与其战友阿瑞斯的关系。我们的关注点将集中在雅典娜的智慧或"狡猾"上，因为这一品质已成为理解她各种领域的行动的公认的方法，也解释了她是如何从诸神中脱颖而出的。除了阐释雅典娜，运用该方法论还能阐明多神崇拜的宗教是如何运作的。雅典娜或被视为一种黏合剂，维系着整个系统：她是发挥统一作用的要素，从而避免该体系沦为诸神无序的聚集。

下一章将探索雅典娜最重要的古代角色之一，即英雄们的保护神。我们将考察她为一众英雄提供的帮助，他们包括佩耳修斯和赫拉克勒斯那样的征途者，以及阿喀琉斯（Achilleus）和狄奥墨得斯那样的战士。我们将探寻与她干预这些个体的生命相关的神性，尤其是她的 metis。我们将看到，她不仅是一位有奉献精神的朋友，也是一位危险的敌人。她为阿喀琉斯与赫拉克勒斯等人的利益作出干预的指导原则是"助友损敌"，这一观念也是希腊道德的核心宗旨。我们将通过观察遭其毒手之人，探究"助友损敌"准则的适用性，其中尤以特洛亚人为代表，他们由她喜爱的民族之一变成了她的敌人。

从远古时代起，雅典娜就与雅典紧密关联，她的圣名与这座城邦的名字联系在一起。同时，作为城邦的守护神，她也与雅典的地位相关联，以至于当雅典发展为一个强大繁荣的城邦时，雅典娜的形象也变得如日中天。雅典存在比其他任何城邦都更多的证据，使我们能够详细追踪她的崇拜、神庙和节日，以及她在地方神话中的作用。我们第一章的关注点在雅典，第五章则要考察使雅典娜比其他神祇更受尊崇的那些品质。关注点将集中在她与其他重要的阿提卡神的关系，包括宙斯、波塞冬与赫菲斯托斯。我们将详细考察她在雅典创建神话中的作用，特别是厄里克托尼奥斯的出生，他是受雅典娜保护的人，甚至在某种重大意义上，他是她的"儿子"。

希腊宗教在许多方面都是一个保守的宗教，数世纪以来，其特定信仰与宗教活动都保持完好。而另一方面，希腊宗教又是一个开放的系统，环境的变化及其信徒需求的多变性都容易对它产生影响，以至于其发生改变。我们对雅典城邦的雅典娜的探讨，将很大程度上依据此二元性展开。第五章结束关于此主题的主要叙述之后，我们将追踪关于她的崇拜的演变，从远古时代直到公元前 6 世纪和前 5 世纪，彼时雅典娜作为独具魅力的城邦守护神，她体现着城邦的愿景，甚至体现了城邦本身的形象。这几个世纪中，公共艺术和花瓶上对她有着丰富的描绘，与其在文学和神话中的显著地位相匹配。某些关于她的教派和节日受到美化，尤其是泛雅典娜节（Panathenaia），随着城邦发展而持续壮大。

第六章将调查雅典娜崇拜的早期演变。本章将通过研究迈锡尼人（Mycenaean）崇拜过雅典娜的可能性，细究雅典娜的崇拜可以追溯至何时。在此基础上，本章将着眼于阿提卡的村镇联合（synoecism）或统一对这位女神之于雅典人的意义的影响，看雅典娜崇拜如何借此成为整个城邦的主要崇拜，进而在整个希腊世界中占据独一无二的中心地位。关于雅典娜的证据,在公元前6世纪变得更为丰富,尤其在庇西斯特拉图僭政时期(the Peisistratid tyranny),雅典娜被奉为这座新兴城邦的守护女神。雅典娜的盛誉一直延续至公元前5世纪早期,我们将通过回顾波斯战争中的重大事件来了解这一点,这些事件包括公元前480年对雅典城的入侵,彼时雅典娜庇护下的城邦遭到洗劫,却未能削弱人民对他们的女神的崇敬。

第六章纵览了多个世纪的发展,第七章则专注于公元前5世纪下半叶,彼时雅典处于其势力与繁荣的巅峰,女神与城邦之间达到了前所未有的紧密认同。我们将调查这段对于雅典历史和雅典娜的角色而言意义非凡的时期,它虽然短暂,却由此诞生了这位女神最为经久不衰的一些形象。

如第八章将展现的那样,雅典娜不仅仅是雅典的女神。她在希腊世界广受崇拜,遍及大陆和诸岛屿,还涉及受希腊影响的周边地区。每个地方都发现了崇拜她的独特方式,包括其独有的节庆、尊号与神话。如同在雅典那样,她通常被尊为全副武装的保护女神,虽然一系列其他的特性也显而易见,包括一些有趣的类似"生育"的特征。对更广阔的希腊世界的考察,将使我们得以探索雅典娜在全希腊的多样性。通过阐明雅典对这位女神的描述如何不同于其他城邦,雅典关于雅典娜的证据也被置于时代背景中。

丛书中的每一本,都涉及在后古典世界中不同程度地具有一席之地的形象,所以,即使他们不再受崇拜,也因其象征意义而被收录。本书最后一章将思考,我们今天熟悉的女神是如何从希腊人所崇拜的神中脱颖而出的。这一章将探索早期基督徒,尤其是后古典世界,对雅典娜形象的利用。起初她被斥为异教徒的神,而最终她的形象被视为与基督教化了的美德相得益彰,包括公正和最重要的智慧;她的形象也为诸多政权所利用,从君主制到革命中的法国。

这一章的最后一个板块,将通过审视这位女神的女权主义用途,来呈现一个关于雅典娜多样性的引人注目的例子。女权主义者以各种方式赞美她作为一位强大女性的形象,将她描绘为一场对父权制的"出卖"。一方面,近几十年来人们创立了各种"雅典娜计划"(Athena projects),这位女神在其中充当了一些教育组织的挂名首脑,这些组织旨在促进妇女和女孩们参与诸如科学、数学和技术等领域。虽然这些项目为女性在传统上由男性主导的领域中谋求一席之地,但同时也出现了另一种倾向:将雅典娜视为其性别的叛徒,她牺牲其他女性的利益,与男性为伍。女权主义理论将雅典娜作为强大女性的原型,这类女性非但没有为其他女性的成功铺平道路,反而确保了自己始终是女性中的例外。这也为有史以来在公共与政治生活中处于主导地位的女性所受谴责提供了一个神话维度，近些年来她们中最为引人注目的，当数撒切尔（Margaret Thatcher）。

我们将研究这些和其他理解雅典娜的思潮背后的根本原因，同时探索其现代表现与这位古老神祇的关系。鉴于她的古代形象多变，我们将思考，其中哪些方面被吸收利用了，哪些方面又因不那么顺应后古典主义而被忽略了。这将引人深思，"我们的"雅典娜在多大程度上根植于古典观念之中，又在多大程度上是后古典主义式理解的产物。

为了让讨论集中，我选择不作尾注。主要参考文献提供在正文当中。拓展阅读条目提供在"拓展阅读"板块。

拼写与翻译说明

这位女神在希腊世界中有不止一个名字。在史诗中，她叫 Athenaiē，缩写为 Athene。多利斯方言（Doric）形式为 Athana，爱奥利亚方言（Aeolic）中她是 Athanaa。在阿提卡方言（Attic）中，她的名字 Athenaia 缩写为 Athena，这种写法公元前 4 世纪以降变为主流。就个人偏好而言，我选择阿提卡方言的"Athena"，而非常见的写法"Athene"。

我选择的是适用于希腊语的拼写法（如 Peisistratos 而非 Pisistratus）。为了反映其在宗教崇拜和文化上的重要性，雅典卫城（Athenian Akropolis）的拼写使用了大写字母"A"。

除另作说明外，书中希腊语文献译文，均为我个人译笔。

关键主题

Key
Themes

一、雅典娜的诞生

没有谁是生育我的母亲,

在各方面我都认同男性,除了举行婚礼,

我全心全意,完全属于我的父亲。

——埃斯库罗斯(Aeschylus),

《欧墨尼得斯》(*Eumenides*, 736—738)

引子:罕见的头疼

雅典娜的诞生,如今通常被描述成一个带有幽默潜质的故事:宙斯头痛"欲裂",赫菲斯托斯拿出他的斧子,来缓解宙斯的痛苦,然后,雅典娜就诞生了。这样的演绎,在古代是合理的,公元 2 世纪路吉阿诺斯(Lucian)的《诸神对话》(*Dialogues of the Gods*)可以佐证。"怎么回事?一个身穿铠甲的女孩?"赫菲斯托斯惊呼,当他看到自己行为的结果时,"她有**青色的**

(*glaukos*/fierce)双眼,倒是与她的头盔十分相称"。但大多数文献在描述雅典娜的诞生时,都使用了不那么轻佻的措辞,将其描述为一个带有强烈的病原学("解释性")成分的故事。正如本章所认为的那样,这解释了有关雅典娜的关键信息,包括她如何诞生,她与她父亲的关系如何,她如何形成她的某些特质和属性。这也与更大的事件有关,涉及奥林波斯众神(Olympian pantheon)的演变,以及宙斯显现为宇宙至高无上的权力。

对于任何希腊神祇的解读,都需要辅以对其已知起源的了解,但当要以任何方式来接近对雅典娜的理解时,考察她诞生的故事就是必需的了。但神话究竟是怎么讲述的呢?在一个缺乏任何单一、权威故事版本的文化中,对改编和变形的态度是持续开放的。这则神话是如此有名,以至于在某些情况下仅需一笔带过,而不用详细叙述,甚至在最早的对于这个故事的引用中——也即在荷马史诗中,当雅典娜被描述为**宙斯所生的**(*Dios ekgegauia*,"Zeus-born",如《奥德修纪》:6.229)时,以及当写到她的诞生已成为父女间特殊亲密关系的缘由时,也是如此。在《伊利亚特》(*Iliad*)的一个故事中,阿瑞斯向宙斯抱怨其对雅典娜的偏爱,自己则受了委屈,所述理由就是"您成了她的父亲"(*autos egeinao*/ you fathered her,或更确切地说,

"您生了她"：5.880）。在接下来的简略概述中，我不试图提供这则神话面面俱到的原版，而意在指明那些（在各版本故事中）反复被提及的动向，来引入我们将要探讨的一些方面。

（一）宙斯得知一则预言，他的妻子提坦女神墨提斯所生的第二个孩子将推翻他，如同他推翻自己的父亲克罗诺斯（Kronos）那样，亦如克罗诺斯曾推翻其父乌拉诺斯（Ouranos）。

（二）墨提斯是那类可以变形的神之一；因此当她怀着第一个孩子即雅典娜时，宙斯哄骗她变为极小的样子，然后把她吞了下去。

（三）雅典娜是从宙斯体内释放出来的，由匠神赫菲斯托斯（一说由普罗米修斯）用斧子劈开他的头颅所得。

（四）雅典娜跳出来，有些版本说她已成年，但无论如何她是全副武装的，舞动着她的武器并叫喊着——并非是新生儿的哭声，而是发自一位战士的呼声。

（五）众神吃惊地看着，整个宇宙都陷入了她发出的声音和这场奇观的混乱中。至于赫菲斯托斯，他通常被描述为带着他的斧子逃离了现场。

（六）耀武扬威后，雅典娜收起了她的武器，宇宙也回归正常了。

（七）她的出生地通常而言是一条叫作特里同（Triton）的

河,在不同的说法中位于不同的地方,有利比亚和希腊的一些特定地点,包括阿卡狄亚(Arcadia)、波奥提亚(Boiotia)和克里特(Krete)。

在对可能的近东起源进行简单研究后,我们将通过两则视觉再现(visual representations)和一则文学叙述(literary account),即两首荷马颂诗中较长的那一首,来介绍这则神话的一些重要方面。然后,我们将探索这则神话在奥林波斯权力继承神话中的地位。最后,我们将思考这个故事的性别层面,以及它们对于理解雅典娜的性格与功能的意义。

前身

在无数为研究希腊神话而发展出来的研究路径中,有两条对如何解析雅典娜诞生的故事产生了特殊影响。在韦尔南、德蒂安等人的"巴黎学派"的推动下(第三章),20世纪中叶以降,人们的关注点聚焦于故事的影响方面,认为这些故事塑造了传播者对信仰和价值观的理解,而并不关注这些故事的起源和早期演变。另一方面,近些年来,人们对早期神话的演变重新产生了兴趣,特别是掀起了对其东方传统的研究。本节将研究其中一些尝试,用以确定雅典娜诞生的故事背后的东方元素与传统，同时评估这样的探究对于我们诠释该神话的希腊版本有何影响。

古风时代早期，随着近东对希腊文化施加的深远影响，出现了所谓"东方化革命"（orientalising revolution），希腊字母的演变以及艺术和神话的发展都是其中一个方面。希腊神话与更古老的近东文献已被证有相似之处，这些文献包括以《天国》（*Kingdom in Heaven*）著称的赫梯神话（the Hittite myths），《天国》则被誉为赫西俄德解释神的权力继承的灵感来源（见后文）。为了推翻天神阿努（Anu），库玛尔比（Kumarbi）咬断并吞食了他的生殖器。当他发现这个行为使他受孕后，他将精液吐了出来，但气候之神忒苏布（Teššub）留在了体内，并需要剖腹取出。其他一些神似乎也一样，包括一个叫作卡扎尔（ᵈKA.ZAL）的神，他可能是出自库玛尔比的颅骨（West 1999:278—279；280）。这段文献过于碎片化，使我们无从考证卡扎尔的诞生是否潜藏于雅典娜从头颅中诞生故事背后，但它至少提出了这个故事有着赫梯背景的可能性。

移步美索不达米亚神话（Mesopotamian myth），或许能发现一个更为有希望的源头：伊南娜（Inanna）从阴间升天的故事。她是美索不达米亚众神中的女主神，也与雅典娜在某些方面相似：同为战士（虽然也是爱情女神），属性中也包括猫头鹰。

被困于阴间，伊南娜丢失了她的七件套服装，那代表着她的神力或是**自我**（*me*），但当她返回天界后，她再次以全副武装示人，带着她的威力重生，光彩照人，这一女神复出的奇观使得她的伙伴杜迈兹（Dumezi）神逃离现场。在伊南娜复归的故事中，我们或许可以看到雅典娜出现的起源，它被饰以代表她的神力的特性。就增添其可能性而言，两个故事都牵涉一位中间人，即匠神恩基（Enki）和赫菲斯托斯，他们使女神得以释放。恩基是智慧与工匠之神，也是自我的守护者，他创造了两个人物，库尔-伽尔-拉（kur-gar-ra）和伽拉-土尔-拉（gala-tur-ra），这两者在他的指挥下，用食物和生命之水浇灌伊南娜的躯体。

当我们考虑到其中"山"可能具有的象征意义时，这个故事是雅典娜诞生的灵感来源之一的可能性看起来就更为诱人了。当彭格拉斯（Charles Penglase, 1994: 232—233）研究其与美索不达米亚神话的相似之处时，他注意到一些用来表示宙斯头颅的词语，其中包括 karènon，该词亦可指一座山的顶峰，还有 **koryphē**，指头上的王冠或一座山的峰顶。与此同时，在美索不达米亚艺术对伊南娜复归的描绘中，伊南娜站在一座山上，而那座山代表着阴间。

然而，应当强调的是，追寻其前身只能部分解释一则神话的前因。如果这个主题确有其近东起源，它也已在全然不同的希腊背景下被改编,用以描绘雅典娜的独有特征——一位与她的父亲有着异常亲密的关系的战士。下文的重点,将由探求这个故事来自何方,转向希腊人对这个故事的利用。

捕捉关键时刻

视觉再现是我们分析的便利起点,这是此媒介的性质使然。艺术家们需要通过尽可能简洁地传达故事的关键特征,让所述主题能被一下子辨认出来。在这一部分我们要考察的两个花瓶上,每位艺术家选取的时刻,都是视觉再现雅典娜诞生的常见特征:雅典娜从宙斯的头颅中现身。两幅画的描绘有许多差异,思考这些差异能够让我们证明这则神话的多面性,并且引入我们后续将在本章中探讨的关于这则神话的某些方面。

图 1 中,一只约公元前 560 年的阿提卡黑陶口杯上(Attic black-figure lip cup),雅典娜正从宙斯的头里现身,而"助产士"赫菲斯托斯正在逃离现场。图案仅涉及三个参与者,部分原因是与花瓶的另一面保持一致——在另一面,雅典娜和宙斯再次出现,第三个形象则变成了赫拉克勒斯(见图 4)。此外,或许艺术家有意让画面尽可能简洁,因为口杯上的画面很小,只有约 3cm×2cm。在他的小画作中,这位艺术家设法填入许多细节,来

表现三个形象的关系和他们对事件的反应。在最惊人的对父女亲密关系的描绘中,雅典娜高举着她的矛,姿势与宙斯一致,宙斯则挥动着雷电,因此,甚至雅典娜刚出生,就可以看到她在与父亲并肩作战。同时,她也还没有完全现身,这一细节有效地使她变成了宙斯的属性之一,因她尚未完全与她的父亲分离。

图1:雅典娜正从宙斯的头里现身,赫菲斯托斯在逃离现场,阿提卡黑陶杯(Athena emerging from the head of Zeus while Hephaistos flees the scene, Attic black-figure cup, London, British Museum B 424)

至于第三个形象赫菲斯托斯,他正带着那把劈开宙斯头颅的斧子逃离现场,这一细节带出了某些缺乏文学叙述的隐情，换言之，宙斯和雅典娜一方对他有着明显的敌意，两人都朝他所在的方向挥舞着武器。这实际上使他成为宙斯和雅典娜要面对的第一位公敌。比起为了帮助宙斯解除头疼，我们似乎更能体会到他是在不怀好意试图伤害宙斯。在此，赫菲斯托斯更像是普罗米修斯，据一些文献所述，后者给了宙斯猛烈一击，而且他与宙斯的敌对关系是希腊神话中反复出现的特征（Dougherty 2005: esp. 31—34, 71—72）。随着本章的展开，我将思考赫菲斯托斯行为的某些可能的原因，还有第三章中，在我们探究雅典娜与这位匠神的关系时，我将提出更多可能性。目前，表明这个花瓶为我们呈现了一系列特征就足够了，尤其是雅典娜和宙斯的亲密关系，他们在雅典娜刚出生的时候共同反对赫菲斯托斯。

更为精美的是图2，这是一只约公元前540年的阿提卡黑陶双耳瓶（Attic black-figure amphora），它更大，因此可以容纳更多细节。这一次，赫菲斯托斯没有出场。埃勒提雅（Eileithyia）作为助产女神，扮演着更为传统的助产士的角色，而其他一位女神和两位男神则注意着雅典娜的现身。雅典娜再次身着衣裙，却也戴着头盔，配着矛和盾，头盔与花瓶顶部的装饰图案融为一体。除去她的装束，她还有着另一样她的属性，即神盾（aegis），上面有一个小的矩形戈尔贡纹饰。雅典娜"不应"在此时配着神盾，因为根据文学叙述，这是她后来获得的——一说为赫菲斯托斯赠予，一说为她自己用所击败的敌人剥下的皮制成（例如 Apollodoros 1.6.2: the giant Pallas; Cicero, *De Natura Deorum* 3.23.59; Clement of Alexandria, *Exhortation to the Greeks* 2.28: a father called Pallas）。同样，戈尔贡的头是在神话中，佩耳修斯在她的帮助下取下了这个怪物的首级，而后赠予她的（第四章）。瓶画却无意时序精确：艺术家展现的是完满的女神，小画幅却有着完全形态，她全副武装着。

这一场景格外显著的特点是对于两个核心形象的正面描绘（frontal depiction）。希腊艺术的形象通常为侧影描绘（depicted in profile），正面描绘（frontality）则用于那些怪物一般的形象，或是在其他某些方面异乎寻常的、危险的或模糊的形象。狄奥尼索斯，纵欲之神，他的醉态与狂热有时就会被正面描绘，那些已死之人或将死之人亦如此。被正面描绘的是那些颠覆规范的形象，这也是为什么正面描绘是戈尔贡的特点之一，她奇异地融合了动物与人的特征，同时也融合了雄性和雌性的特征，使得她成为所有怪物中最为丑陋和危险的。这幅画对于宙斯和雅典娜的正面描绘或许是一种手段，来强调某些奇怪而非凡的事正在发生。如杯上所示，宙斯正手持他那与众不同的标志，即雷电，但它的用途非常不同。

图2：雅典娜在几位神祇的见证下诞生，阿提卡黑陶双耳瓶（The birth of Athena in the presence of several deities, Attic black-figure amphora, Virginia Museum of Fine Arts, Richmond 60.23. The Arthur and Margaret Glasgow Fund. Photo: Katherine Wetzel. © Virginia Museum of Fine Arts）

他并非将之作为防御武器而挥动着它，而是将其紧握在手中，好像想要用来缓解分娩疼痛。艺术家似乎想要暗示，他在占有女性生育能力的同时，也承受了随之而来的痛苦。这里有一个微妙的性别反转：诸神之王扮演了一个典型的女性角色，而雅典娜则以全副武装现身。

两位男神目击者的标志,权杖(kerykion,使者的权杖)和盔甲,标明他们分别为信使之神赫尔墨斯和男战神阿瑞斯,后者和女战神雅典娜相互制衡。埃勒提雅显示为在我们左侧。另一边的女神,要不是她戴着一顶王冠,我们会认为她是又一个埃勒提雅;而王冠这一细节则使得她有可能是赫拉,即宙斯的妻子。她一拳紧握的肢体语言或许很好地表达出她对发生之事的不悦;毕竟,她一贯反对她的丈夫婚外生育,赫拉克勒斯就是典型(第四章),还有阿波罗和一些叙事中的雅典娜。例如,在《荷马颂诗:致皮提亚的阿波罗》(*Homeric Hymn to Pythian Apollo*)中,赫拉指责宙斯生育"目光炯炯的雅典娜,她在有福的诸神中位居首列"(314—315),这是企图超越她孤雌生育(parthenogenic,无雄性受精)的赫菲斯托斯,后者"脚是枯萎的,是我的耻辱,虚弱而无力"(316—317)。这为我们点明,赫菲斯托斯会缺席此场景,就是因为赫拉在此作为一个态度模棱两可的形象,取代她的儿子出席。尽管细节各有不同,但主题的一致性显而易见,即在每一种情况下,雅典娜的现身都冲击着神界,在这里引起赫拉的不满,在别处又使得雅典娜和宙斯向赫菲斯托斯挥动武器。现在我们将转向这一则神话的诗歌叙述,及其对目击者的影响。

世界的恐惧：献给雅典娜的荷马颂诗

在《荷马颂诗》第 28 首《致雅典娜》(*Homeric Hymn 28 To Athena*)中，这位女神光芒四射的现身景象，让整个世界陷入无序：

> 墨提埃塔（Metieta）①宙斯亲自用那可怕的头颅生下她，她有着好战的臂膀，金光闪闪。众神观看时，惊愕攫住了他们。她立刻从那颗不朽的头颅中跳出来，站在宙斯面前，手持神盾，挥动着锋利的长枪。伟大的奥林波斯在那双青眼的威力下开始可怕地颤抖，遍地发出可怕的叫喊，大海黑涛汹涌，泡沫四散。许佩里翁（Hyperion）杰出的儿子长久地勒住健步如飞的群马的缰绳，直到这个女孩，帕拉斯·雅典娜，从她那不朽的肩膀上剥去神圣的盔甲，令墨提埃塔宙斯感到欣悦。
>
> （《荷马颂诗》28.5—16）

当她从宙斯的头颅中跳出来时，她那"金色的、闪耀的"

---

① Metieta/Μητιέτα 意为"全智者"。凡首字母大写，一律音译为"墨提埃塔"，指宙斯的别名。——译注

武器呈现出令人目眩的景象，同时她的双目也闪着光。雅典娜就是格劳考皮斯（Glaukopis/Γλαυκῶπις）①，这一头衔常被译为"灰目的"（grey-eyed），也可能为"蓝眼的"（blue-eyed）或"绿眼的"（green-eyed），但其关键是一种明度或亮度，而非某一种特殊的色度。更为恰当的翻译是"闪耀的眼睛"（gleaming-eyed）或"犀利的眼神"（darting-eyed），甚或是"猫头鹰样的眼睛"（owl-eyed），源自 glaux，即小猫头鹰，它的大眼睛、夜视和突然出现的癖好与这位女神的属性相符（见下图3）。这炫目的亮光同样是她其他显现时刻的特点，包括在《伊利亚特》中，雅典娜突然出现在阿喀琉斯面前，当他即将杀死阿伽门农（Agamemnon）时，"她的双眼闪着可怕的光"（1.200）。这种倾向甚至出现在本章伊始所论路吉阿诺斯对话中，当时我选择了译文"锐利的"（fierce），以捕捉女神现身对赫菲斯托斯的吸引力与她犀利凝视的场景的对比。

当雅典娜跳出来时，众神在惊异中观看着，同时天界"可怕地颤抖"，地界"可怕地叫喊"，海界"黑涛汹涌"，太阳（"许佩里翁杰出的儿子"）中止了他穿越天空的旅途。雅典娜——光彩夺目，金光闪闪——已暂时取代了太阳的角色。她的诞生

---

① Glaukopis/Γλαυκῶπις 意为"目光炯炯的"。凡首字母大写，一律音译为"格劳考皮斯"，指雅典娜的别名。——译注

在某种程度上，与宙斯另一个金色孩子即阿波罗的诞生类似：

于是［勒托］伸出双臂环抱一树棕榈，跪在柔软的草地上，大地在下方欢笑。然后这孩子跳到光亮处，所有女神发出一声叫喊。顷刻间，伟大的福波斯（Phoibos），众女神用甘甜的水将你洗净，而后将你包裹在质地优良的白衣里，并系上金色的环带。

（《荷马颂诗：致德洛斯岛的阿波罗》, *Hymn to Delian Apollo*, 117—122, Loeb translation, slightly adapted）

带着一个灿烂的名字——福波斯，或"闪闪发光的人"——同时，带着光明的属性，这是与这位同太阳相关联的神的相称的神显。他机敏地诞生，跃向"光明"，使人想起雅典娜从宙斯头中现身的场景，不同之处在于：大地以"欢笑"应对阿波罗的诞生，雅典娜的诞生却引发了地震。福波斯的光芒灿烂，与格劳考皮斯闪光和带来恐惧的神显形成对比，前者可以代替太阳成为给予光明者。与雅典娜危险而炫目的亮光更为接近的事例，是宙斯运用他的神力对抗提坦诸神的做法：

从天界，从奥林波斯，他立刻下来，投掷着他的闪电：一道道闪电密集快速地从他有力的大手中飞来，与雷电一道，旋转出可怕的火焰。赐予生命的土地在燃烧中陷落,广袤的森林各处在火中爆裂轰鸣。所有陆地、洋流和无生命的大海都沸腾了。炽热的蒸汽环绕着土地所生的提坦诸神:难以言喻的火焰蹿向明亮的高空,雷霆和闪电闪耀着刺眼的光芒,闪瞎了他们的眼睛,尽管他们是那样强壮。

(689—700, Loeb translation, slightly adapted)

当雅典娜诞生的时候,正常秩序悬停,整个世界都受到影响。或许这正是绘制图1的艺术家想要展现的——宙斯挥动着雷电,同时,正在现身的雅典娜摇动她的长枪,加上她出生时的战士形象,可与宙斯的武器所产生的效果相媲美。从她出生的那一刻起,她就像她的父亲,有着倾倒世界的威力。她的诞生有几分迅猛,像她从宙斯的头颅中冲破出来那样展示着她的神力,让人想起宙斯自己的神力。

然而,这种恐惧仅持续到雅典娜脱下她的金色铠甲。她的战争魔力能够引发宇宙的混乱,她也能够收起她的力量,恢复秩序与和平。这种从战争狂到和平使者的转变,似乎由其名号的变化显示出来。当其武装出现时,她是格劳考皮斯;当她褪去武装,她是"女儿帕拉斯雅典娜",宙斯那终结宇宙恐惧的盟友。然后,神显结束了,"墨提埃塔宙斯感到欣悦"。最终,如阿波罗的诞生那般,她的诞生带来快乐,而颂诗以描绘雅典娜和她那因诞生而喜悦的父亲之间的亲密关系作结。正如自始至终我们将在本书中所见,雅典娜是一位体现出种种矛盾的女神,包括男性化/女性化,以及战争/和平。在颂诗中,她的二元性于诞生瞬间就得以显见。她既是危险的战士,也是和平的使者。她展现出如此极端的差异性,以至于能够中断宇宙正常运转,但她也能够从这种神力中抽身,并与宙斯结盟。

如果我们退后一步,去探索引发她诞生的事件就可以为这一二元性提供一个不同的视角。这就有必要考察神界权力继承的神话,即宙斯如何首先成为宇宙的统治者,后又通过雅典娜的诞生来巩固其永久统治。我们的讨论将使我们能够转向对颂诗更进一步的理解,宙斯的尊号墨提埃塔,有时被译为"有智慧的",但更确切地说,差不多意指"使墨提斯化"(Metis-ized)。当宙斯生下雅典娜时,他是一位拥有墨提斯("狡猾")的神——当这位女神正怀着雅典娜时,为了保护他的未来,宙斯吞掉了她。

权力继承的神话与母权的失势

雅典娜的诞生常被描绘为**无中生有**(*ex nihilo*),是一个没有明显先例的现象。例如，在阿特伍德（Margaret Atwood）《女祭司夫人》（*Lady Oracle*，1976: 258）中，它被用在小说的女主人公身上，意指她作为一部广受好评的诗作的作者，突然出现在了文坛上。但它也构成并解决了关于宙斯如何掌权的故事。这个故事始于宇宙最初的时日。根据最有名（也是最早）的解释，赫西俄德《神谱》（*Theogony*）中，盖娅（Gaia）（大地）通过孤雌生殖诞生了乌拉诺斯（天），后者成为她的丈夫；然而，他阻止他们的孩子诞生，于是将他们囚禁在母亲体内。盖娅适时生下了她最小的儿子克罗诺斯（Kronos），小儿子带着一把镰刀，用它阉割了他的父亲。后来克罗诺斯娶了瑞娅（Rhea），并从盖娅和乌拉诺斯那里得到了一则预言：他的儿子之一将推翻他。为了避免父亲的命运同样降临在他自己身上，他的孩子们一出世，他就要把他们吞掉。但当最小的儿子宙斯出生时，瑞娅却给了他一块石头让他吞下去。克罗诺斯为他的妻子所骗，吐出了每一个孩子，而宙斯取代他父亲成为统治者。

宙斯本将沦为其父亲与祖父同样宿命的受害者。当他的第一任妻子墨提斯怀着雅典娜时，他收到了一则预言——再次来自盖娅和乌拉诺斯——宙斯的第二个孩子，一个儿子，会推翻他。然而，他作出了一个反应，胜过他的任何一位祖先的举措。乌拉诺斯将他的孩子们塞回母体，克罗诺斯吃掉他的孩子们，而宙斯所为则是吞掉他的妻子,如赫西俄德所言"狡猾地用巧言欺骗了她","把她装进自己的肚子里,让这位女神为他谋划好与坏"(*Theogony* 899—900)。这样不仅阻止了继承者的诞生,还确保了他的妻子将无法对他采取反制,正如盖娅对付乌拉诺斯,或是他自己的母亲瑞娅对付克罗诺斯那样。

这也确保了宙斯得以避免宿命。预言通常在神话中应验,然而,许多神和人试图摆脱预言,正如克罗诺斯所发现的那样,亦如俄狄浦斯之所为。但由于字面意义上的"狡猾"包含在宙斯体内,以至于这位神已变得可谓是"墨提斯化了"(Metis-ized),因而这一预言永远不得实现。他的统治如今稳固了,在与赫拉结婚前他开展了一系列结合。一旦他步入这最终而长久的结合,雅典娜就诞生了:

宙斯亲自从他自己的头颅中生育了眼神烁烁的特里托革尼亚,可怕的斗争煽动者,战争噪声的制造者,不知疲倦者,女主宰,她因骚乱、战争和搏斗而快乐。

(《神谱》924—926)

随着雅典娜的出生,权力继承问题就被一劳永逸地解决了:

这一体系并非以一个有威胁的儿子作结,而是以一个女儿作结,尽管她是个战士和战争狂,却不会谋求推翻她的父亲。女性势力的链条也被打破了:

盖娅通过生育一个没有父亲的儿子，开启了权力继承神话；宙斯如今生出一个女儿，她被剥夺了与其母亲的关系。她的尊号之一是 polymetis［足智多谋者］，并且 metis［狡猾/智慧］的品质是她典型的特征之一，这些正如我们将在随后章节中所见（尤其是第三章和第四章），是她许多影响范围的基础。但墨提斯的狡猾和她女儿的狡猾是有区别的。墨提斯被允许作为一个独立存在太过危险，而足智多谋者雅典娜可谓是她母亲的安全版本，她使自己与父亲结盟，也与她父亲统治下的父权制结盟。这则神话不仅在讲述雅典娜是谁，它也讲述了她不是谁。她有别于墨提斯，即狡猾的化身，也有别于她无名的兄弟，换用赫西俄德的另一种解释来说，会成为"另一种存在，比雷电更强大"的孩子（Hesiod fr. 343.8）。

雅典娜的诞生是性别角色短暂混合的产物。宙斯变得女性化，代替他的妻子生育了一个孩子，同时，在某些版本中，赫菲斯托斯扮演了助产士的角色。这个产物是一位混淆了性别标准的神，但她通过诞生时与其父亲建立的紧密连接，保护着在她诞生时已形成的父权制度。如她在本章开头所引文段《欧墨尼得斯》中所言，她是个没有母亲的女神，她同时加入她的父亲宙斯和全体"男性"。这使她在性别层面是个异常存在："奥林波斯山的宙斯的孩子"，如阿波罗在《欧墨尼得斯》之前文段中所述,"甚至没有在子宫的黑暗中受过养育",因此是"这样一个没有女神能够生育的后代"(663—666)。希腊人喜欢探索雅典娜与其他好战女性的共性,尤其是阿玛宗女战士(Amazons),父权制**出类拔萃的**(*par excellence*)敌人,她们的社会被描写为母权制,且在神话的多个场景中都发兵入侵希腊。尽管阿玛宗女战士作为一个种族,以及个体女性如克吕泰涅斯特拉(Klytaimnestra),威胁着男性统治,然而,雅典娜始终是父权制的支持者,她的父亲对她的信赖超过其他任何神,她甚至被赐予了他的雷电的使用权(Aeschylus, *Eumenides* 827—828; Euripides, *Women of Troy* 78—93)。这使她成为一个吸引人的形象,用作探索性别规范的途径,作为一个反常又模糊却在根本上支持秩序和父权制的神,雅典娜的这一二元性将在本书中反复出现,成为她如此吸引希腊人的要素之一,也被现代评论家紧紧抓住,作为解释她本性的一个着眼点。

小结

这一多层架构的神话,为本书提供了一个方便的出发点,因为,它被视为雅典娜的性格和她的许多神圣职能中不可或缺的部分。这使我们从一开始就面对这位女神的特定面貌,包括她在众神中的地位,她的男性气概和女性气质的独特混合,她作为一个战士的角色,以及她通过墨提埃塔宙斯承袭的她母亲的狡猾。这则神话确立了雅典娜和她的父亲以及大多"男性"的亲密关系。作为一个应当说是颠覆性的、离经叛道的女性战士,她一出生就使用她的神力与她的父亲相配合。更宽泛地讲,她的诞生为权力继承问题画上了句号,并确立了宙斯作为宇宙至高无上者的地位。作为一个变化多端的形象,她同时兼具魔力、武力和威慑力,也是秩序的维护者。

二、追踪雅典娜的起源

33　　我们不知道希腊诸神从何而来,但传统观点认为,他们中的大多数来自异国他乡。

——胡尔维特(Hurwit 1999: 12)

引子:起源重要吗?

当前研究希腊宗教的方法论议题之一,就是诸神的起源和早期演变问题。直到 20 世纪下半叶,司空见惯的做法是通过确定其假定起源和史前演变来理解其本性和职能。随着这些议题确定下来,人们认为对其后世的一切化身的理解就顺理成章。简而言之,起源被认为是揭露诸神个体本性的钥匙。相反,随着受结构主义影响的韦尔南、德蒂安等人的成果的诞生,研究重点已由起源转向了或被称为"语境"(contexts)的主题。已约定俗成的做法是,不去研究史前形态问题,而是研究在古风、古典及后世的描述中,众神出现的语境。例如,为了理解雅典娜,学者们常常不去研究她的崇拜和造像(persona)或许从何源起,而是研究她在复杂的宗教体系即众神中的地位(第三章)。

然而,对起源的兴趣并未消失。布尔克特、韦斯特(Martin West)等人关于近东对希腊思想之影响的成果,引起了人们对诸神早期演变的新兴趣。与此同时,伯纳尔(Martin Bernal)的《黑皮肤的雅典娜》(*Black Athena*)课题,尽管在一系列领域中遭到专家的批判,但也向新一代评论家重启了起源问题。此外,"学术圈"以外,对雅典娜的史前形态有兴趣的各路女权主义作家、诗人和艺术家,常常援引前代学者作为证据,包括巴霍芬及关于希腊宗教早期学术的两位"大牛"哈里森和尼尔森(M. P. Nilsson)。

本章将通过探索一条尤为盛行的、试图用来解释雅典娜起源的路径而展开,即寻求史前时代中她的性格变得明确的那个所谓时间节点。这将需要既考察早期学术,又考察自20世纪70年代以来,某些女权主义圈子对这则素材的运用。如我们将看到的那样,这一路径受到了有力的批评。然而,因其在雅典娜研究历史中的地位,更不必提其在塑造许多人对雅典娜的看法时所发挥的持续作用,这条路径仍将在随后章节中展开讨论。

雅典娜、母权与女神运动

以其性别特征的奇异混合,雅典娜形象在所谓"女神运动"中已成为引人瞩目的形象之一。她的拥趸相信,在史前曾存在一个母权社会,在那里,女性主导社会,宗教核心为崇拜"伟大女神/大母神"(Great Goddess),她崇尚和平,颐养生息,关注的领域包括自然和生育。有人认为,这一体系最终在青铜时代(Bronze Age)被新兴的父权社会推翻,彼时男性夺取了对社会的控制,并强制实施了由至高无上的宙斯主持的男权众神崇拜。对母权制时期的信仰,已成为20世纪70年代以来女权精神的主要特征。当时,在那个年代的女权主义复兴的激荡下,这个信仰被奉为一种庆祝宗教权力的方式,这种权力被认为是"女性"(the feminine)与生俱来的。在对一个独立的女性身份的求索中,这一原始的母权社会被誉为"黄金年代",在那个时代,人类社会正被女权主义圈子中作为理想而提出的至上价值观所引导,包括妇女之间的扶持与和平合作。

尽管这一理论为一系列小说家、诗人和艺术家所信奉,但至少许多学者对它持怀疑态度,尤其是因为它依赖于被视为过时的、在方法论上对考古学和文学证据不可行的解释。在寻求关于史前的某些普遍"真相"的过程中，争论在于女神运动忽视了我们所掌握证据的多样性。各研究路径的分歧如此之大，以至于近几十年来，"女权精神论者"（feminist spiritualists）与学者间出现了裂痕，这些学者自己通常也是女权主义者，后者利用其专业知识来另寻他路解释这一证据。我将列出这一理论涉及雅典娜的关键方面，同时关注其作为一种方法，在阐明这位女神的形态或是其后世化身时的短板。

与各位来自希腊和远方的其他古老女神一道，雅典娜被解释为年长得多的存在者之遗留，她们是假想中的伟大女神的遗留势力。她与鸟和蛇的多种关系，被解释为一位据信在早期人类社会中受到崇拜的鸟蛇女神的遗留。按此解释，文段如荷马《奥德修纪》3.371—373 中，她自己变形为一只秃鹫，这些文段可视为对她那原始形态为鸟类的时代的再现。关于猫头鹰，这样的解释模式也很吸引人，它不仅是她的象征（甚至是宠物），而且在某些地方甚至可能是这位女神的一种神显，正如图 3 所示，在一个出自公元前 5 世纪下半叶的阿提卡陶杯上，这一动物有着她那别具特色的装束。

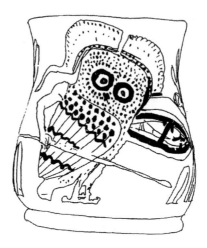

图3：全副武装的猫头鹰，阿提卡红陶杯（Armed owl, Attic red-figure mug, Paris, Louvre CA 2192; redrawn by S.J. Deacy）

至于雅典娜的战士外表及属性，被认为在父权制接管统治的时代就已形成，那时奥林波斯诸神至高无上，并且有人认为，雅典娜被这新的体系吸纳为一位战神，其原始天性隐藏在处女战士造像背后，这种解释为我们带来了一个理解雅典娜的笼统方式，她天性中的双面都得到了解释，使其符合假定的原始母权制，或符合被认为推翻了母权制的、更为暴力好战的体制。这就引向了对雅典娜最为经久不衰的一种女权主义解释，即"'她'的背叛者"——她出身于原始女神的崇拜者之中，却最终成为父权制的一部分，成为某种原型——撒切尔夫人正是将她那作为一个强大女性的独特力量与对男性事务和结构的从属结合了起来。雅典娜已被视为一个终极背叛者，她不利用其力量来帮助其他女性，反倒为男性说话。她甚至遭到攻击，仿佛她真是一位蓄意勾结所谓父权征服的角色。例如，米利特（Kate Millett）在女权主义"第二次浪潮"开端的书写，将雅典娜设想为"一往无前，渴望背叛她的种族"（1971: 114）的形象。早在数十年前，哈里森就哀叹雅典娜在父权制崛起中扮演的角色，"这位老辈中的少女"（the maiden of the elder stratum）或"迷失的领袖"（Lost Leader）（1903: 303）因此被剥去了她的女性特质。作为向父权制转化过程中被去性别化的一位受害者，在哈里森看来，她同时也是合谋压迫女性的加害者。

巴霍芬与"母权"

如此浸淫于20世纪70年代以来的女权主义思想之中，或许有人认为，原始母权社会理论是一种相对晚近的学术动态，但正如我们方才看到的，哈里森于20世纪初就运用了这种理论。实际上它在女权主义复兴前一个多世纪就发展起来了，这是瑞士社会学家巴霍芬的研究成果。对于巴霍芬而言，雅典娜是新兴父权制的代理人,其行动开启了"阿波罗时代"(age of Apollo),这是宗教的新阶段,以奥林波斯诸神秩序取代对女性力量的崇拜。巴霍芬援引的证据中,埃斯库罗斯《奥瑞斯忒亚》(*Oresteia*)中雅典娜的裁决支持奥瑞斯忒斯,这位弑母者又是受阿波罗保护的人,使人回想起母权与父权之间"生死攸关的重大转折点"(great turning-point of existence)(Bachofen 1967: 100)。在剧中,奥瑞斯忒斯杀死母亲克吕泰涅斯特拉本应遭受的惩罚被免除,正如雅典娜所言,他的行为是对克吕泰涅斯特拉个人的报复——她谋杀了他父亲阿伽门农,这更严重。在作出支持奥瑞斯忒斯的审判时,雅典娜拿出了她那常被引为支持"男性"的说辞,其中部分内容作为题词开启了本书第一章,更详尽的引述如下:

> 我的职责是在此提供最终的审判,而我将为奥瑞斯忒斯投出我这阄。没有谁是生育我的母亲,在各方面我都认同男性,除了举行婚礼,我全心全意,完全属于我的父亲。因此,我不能更赞颂置她于死地,她杀死她的丈夫,这一家族的守护者。
>
> (埃斯库罗斯,《欧墨尼得斯》734—739)

据巴霍芬的解读,雅典娜的干预,有着"引领更崇高的父权和神圣之光走向胜利"的作用,这是人类进步的新阶段,他称其为"阿波罗时代"(110),一个以奥瑞斯忒斯的保护神命名的时代。雅典娜随即成为一个动因,其行动带来母权社会的终结,她同时也成为一个形象,其混合的性别特征标志着向父权社会的转变。

"蛇"与"持盾女神"

20世纪初期,当埃文斯爵士(Sir Arthur Evans)发掘出青铜时代克里特岛的前希腊("米诺斯"[Minoan])文明时,他发现女性形象占据优势。这些发现被解释为米诺斯人是崇拜女神的母系氏族的证据。有了这些发现,母权社会理论似乎得到证实。发掘出的肖像之一,就是那所谓的"持蛇女神"(snake goddess),一位双手各持着一条大蛇的女性形象。尽管只发现了少量这一形象的肖像,持蛇女神还是被誉为米诺斯文明的一位主神,她既掌管着人类与动物的繁殖,又充当着宫廷卫士的角色。这些研究成果与关于雅典娜的研究息息相关,因为持蛇女神已被视为这位女神的前身。她与蛇纹饰的各种关联已被解释为雅典娜冥间起源的遗留,指向一种以自然崇拜为主导的宗教早期阶段。有人认为,正是在这个时代,雅典娜的前父权社会的女性祖先是米诺斯文明宗教体系的主神。

考古学证据也似乎证实,雅典娜的战士特征是后世才出现的,是父权获胜后赋予这位女神的。米诺斯文明约在公元前1450年为入侵的迈锡尼文明所取代。迈锡尼人一同带来了诸多战神,包括所谓"持盾女神"(shield goddess),一位戴着头盔的女性,身形为一面"8"字形盾。对位列20世纪最有影响力的宗教史学家的尼尔森(M.P. Nilsson)而言,雅典娜是这位神与米诺斯的持蛇女神的混合体。这为他和许多后世学者提供了一种关于雅典娜悖论的解答,解释了"希腊的战争之神是一位女神"(Nilsson 1925: 28)这一"奇特的情形"。

关于雅典娜天性的历史学理解的持续吸引力,或许可以通过巴林(Ann Baring)和卡诗福特(Jules Cashford)有关这一女神形象的研究(1991)表明。"通览关于这全副武装从她父亲宙斯头颅中跳出的女儿的古典神话",他们写道,"我们可以看到这逾千年前的米诺斯持蛇女神的直系后裔。"与哈里森和米利特一样,他们视雅典娜的二元性为父权制重构其天性和神话的产物,用他们的话说,这样"蓄意篡改旧有遗产"使得"这位女神……无迹可寻"。"通过雅典娜的形象",他们总结道,"这位米诺斯女神的母权社会特征,与雅利安(Aryan)和多利斯(Dorian)希腊父权社会的理想关联起来"(Baring and Cashford 1991: 334, 337, 338）。

不难理解,为何这些研究成果对理解雅典娜产生了这么大的影响。她的每个形象似乎都能顺着米诺斯/迈锡尼文明或母权制/父权制的思路来解释,她的战士面貌源于其迈锡尼传统,而她与动物和鸟类的联系似乎背叛了她的前身。关于雅典娜的学术研究被注入了这样一种理解,即认为她是两种源本分离而迥异存在的原始融合的产物。这样的观念被应用在关于雅典宗教的研究中,以赫灵顿（C. J. Herington）为例,他对这位女神的地方性化身研究（1955）,将她解释为一位大地女神（波利阿斯［Polias］）和处女战士（帕特农［Parthenos］）的混合体。

批判母权神话

尽管母权社会理论对于理解雅典娜的独特外表和性格的可能性如此引人注目,却也受到了有力批评。这位女战神的形象,已随着持盾女神形象中米诺斯元素的识别（Rehak 1984）,而被追溯至克里特岛的米诺斯文明。更宽泛地说,这一原始母权制理论的核心宗旨已受到持续攻击,人们怀疑女性形象的盛行是否意味着女性占主导地位。我们只需查看历史上的社会就能明白,那些强大女性的形象难以为母权社会提供证据,自5世纪的雅典起，女性形象的激增就是一个恰当的例子。众所周知，女性在那个社会受到排挤，但女性形象在社会的艺术和文学中地位突出，包括离经叛道的阿玛宗女战士和克吕泰涅斯特拉，还有最重要的雅典娜。我们也可以引用罗马天主教国家的圣母崇拜来进一步证明，敬奉女性形象不一定意指母权制。

出于这种考虑，让我们回到《奥瑞斯忒亚》和巴霍芬对雅典娜角色的历史主义解释。对特定神话背后的历史性内核的求索，推动了19世纪的神话学解释，但这一解释也早已被认为过时了（Hall 1996）。作为一种解释模式，它已为对同一神话的多重语境（社会、政治或性别）的关注所取代。并非作为雅典娜在《欧墨尼得斯》中的角色刻画，与其说是大女神拥护者一方与崇拜男神的男性一方之间原始斗争的证据，不如看作是5世纪雅典关于这位女神和性别关系的主流观点的证明。从这一视角看来，对她的描绘，可被视为传达了由这位女神展现出的一种独特的阳刚的女性气质（the distinctive brand of masculine femininity），这种支持父权的女性与《奥瑞斯忒亚》中另一位阳刚女性克吕泰涅斯特拉形成对照。克吕泰涅斯特拉相当于凡间的雅典娜。她在《阿伽门农》中被认定为有男性谋略的（androboulos[ἀνδρόβουλος]）或"具有男子气概"（manly-minded）（11），展现出一种被认为出现在女人身上的很危险的品质——

智慧。区别在于，克吕泰涅斯特拉运用其智慧暗算他人，而雅典娜的智慧则用来代表父权制和制度正义。由《欧墨尼得斯》可见她组织了一个法庭，也就是最高法庭（Areopagos），来审判奥瑞斯忒斯。在剧中，她还通过主持最高法庭的第一个案子，提供了一个司法范例。

雅典娜，正如神话中展现的那样，是一个略显奇怪的形象，有着复杂的性别特征。同时，她也拥护那些助益社会顺利运转的事物。在接下来对雅典娜神话的考察中，我们的关注点将聚焦在：它们在神话的讲述者和传播者对雅典娜所持的看法上造成了什么影响。简言之，神话中的雅典娜"值得深究"，而非只是某种假想的史前往事之佐证。

41

古代世界的女战神：雅典娜的女性祖先？

母权社会理论内在的进一步难题是，它假定单独一位女神兼具战士和女性特质是不合常理的。尼尔森认为希腊人的战神具有女性性别很"奇特"，这个评价对我们许多人而言似乎是合乎逻辑的，尽管我们与他对这一历史问题的解答意见相左。然而，即使草草一瞥那些古代世界的女神，也看得出雅典娜绝非独一无二。比她年长得多的战士中，有埃及城邦塞易斯（Sais）

的奈特（Neith），闪米特人的神祇阿施塔忒（Astarte）、阿娜特（Anat）和伊南娜（Inanna），美索不达米亚世界的爱情/战争女神。本小节将考虑对照其他古代女战神来审视雅典娜之可能性，作为一条更可行的路径来理解她的天性和职能。

从已知的古代人民与他们的神的互动来看，似乎可以合理断言，雅典娜的面貌远非希腊人无中生有，至少有些要归因于近东女神——她的一些特质与她们所共有。正如我们在前一章所见，雅典娜从宙斯的头颅中出现，或许起源于美索不达米亚神话关于伊南娜从阴间复归的故事。在所有可能的女性祖先中，奈特引发了最多关注，伯纳尔对希腊文化亚非语系起源的研究为之推波助澜。

和雅典娜一样，奈特是一位城邦女神，是一名战士，同时也充当了纺织业的保护神。伯纳尔认为，雅典娜实际上是身处异乡的奈特。为了证明这一点，他提出，雅典娜名字的一个词源为"奈特的宫殿"（House of Neith）（Ht Nt），这是奈特崇拜中心塞易斯城的圣名。然而，和他作品中提到的其他词源一样，这一个也受到了词源学专家的批评，尤其是加萨诺夫（J. Jasanoff）和努斯鲍姆（A. Nussbaum）（1966），他们指出，它们只是具有表面的相似性，而不符合任何既定确凿的希腊语规则。在加萨诺夫和努斯鲍姆看来，伯纳尔的理论对解答她的姓名之谜毫无助益。他们认为，它也可能来源于安纳托利亚（Anatolian）城邦亚达那（Adana）或迦太基女神塔尼特（Tanit），甚或运用伯纳尔自己的方法论，它是一位女性版的撒旦（Satan）。

最近，泰弗特勒（Annette Teffeteller）作出一项探寻雅典娜早期演变的尝试，他提出雅典娜和一位赫梯女战神有关，这位战神被称为阿丽娜的太阳女神（the Sungoddess of Arinna），是以她的主要崇拜中心命名的。这位太阳女神见于公元前17世纪的《赫梯列王纪》（*the Annals of the Hittite kings*），显示她是一位与更年轻的雅典娜共有某些特征的神，尤其在与统治者及其人民的联系方面。以列王之首哈图西里一世（Hattusili I, c. 1650—1620）为例，他被描述为她所"钟爱的人"，而穆尔西里二世（Mursili II, c. 1322—1295）赞美她在战役中的帮助，使人民能够"像狮子一样讨伐周边国度"。泰弗特勒甚至作出假设，雅典娜的名字或许源于太阳女神，因为阿丽娜作为一个地名，或许已经被安纳托利亚讲希腊语的人们借用了，他们可能听成了"阿塔娜"（Atana），而雅典娜的名字似乎以这一形态出现在2世纪中叶克里特岛使用线形文字B的石碑上（第六章）。

泰弗特勒关于雅典娜起源的解释，有助于确定安纳托利亚来源的借用对希腊宗教形成所起到的作用。然而，正如我所认为的那样，即使雅典娜起源于一位更古老的女神，她也已进化超越了她的起源，以适应希腊人不断发展的需求。将一位神引入一个新民族的众神之中，人们不一定会被动接受这位神，而是会改造这位神以适应新环境。如我们所见，在雅典娜诞生的神话（第一章）中明显能看到美索不达米亚及可能的赫梯神话母题的存在，但它们并非被全盘接受，而是在新语境中被改编来描绘一位特殊的希腊女神：宙斯的女儿生于头颅，解决了权力继承难题，维护了她父亲的统治。希腊文明在近东各民族文化的影响之中以一种特殊方式演变着。断言他们的神会以适合崇拜团体需要的方式演变，似乎并非不合理。

雅典娜的属性和职能，很可能借鉴于赫梯文明或是其他古老民族的文明，但她于希腊人的意义，相较于阿丽娜的太阳女神之于赫梯人，或是伊南娜之于美索不达米亚人，是大不相同的。公元前8世纪，希腊凭借其字母、宗教和文学走出了黑暗时代（Dark Ages），见证了城邦的演变，这是古代世界一种特殊的政治和社会组织方式。所有希腊诸神中，雅典娜与这一制度尤其相关。这位城邦之神（the poliad deity）出类拔萃，她的首要崇拜地是雅典卫城，她在那里是城邦的武装保护女神。我们将在研究雅典宗教和更广阔的希腊世界中的雅典娜崇拜的章节中深入研究这一职能，其中或许有早先赫梯诸王的保护女神的身影，但若真是这样，她也已在此过程中变形，以适应希腊世界特有的地方环境。雅典娜的确与其他女神有一些共同之处，但如果我们试图寻求二者之间的完美对应，那就是找错了路。

小结

虽然查明雅典娜起源的愿望持续激发着人们的兴趣，但这个问题至今尚无完全令人满意的解答。本章题词所引的胡尔维特的评论，传达了关于希腊诸神的"传统观点"，这也适用于雅典娜，难题在于这"异国他乡"的真身仍然相当模糊。认为她的起源可被追溯至假想中的母权制史前时代，这一理论从学术角度看来似乎已经过时了；她是和平的前希腊神祇和侵略的希腊人的战争女神之融合的观念，也同样如此。雅典娜有许多古老女战神的特性，包括赫梯太阳女神，但缺乏足够的证据来得出确凿的结论。

在下一章中，我们将探讨，如果说对雅典娜起源的探索让我们在很大程度上受了挫，我们又该如何理解这位女神和她的多重天性。

三、从起源到功能:众神间的雅典娜

45　让她欢喜的是战争和阿瑞斯的所作所为,

战斗和制作精美的工艺品。

她是第一位教凡间工匠制作战车和用青铜锻造马车的神,

也正是她教授肤如凝脂的少妇在家中制作精美工艺品的技巧,让她们牢记在心。

——《荷马颂诗:致阿芙洛狄忒》

(*Homeric Hymn to Aphrodite*, 10—16)

引子:直面众神

希腊的主神们有着与众不同的特征和职能,因此我们很容易对他们进行单独研究,比如深入研究宙斯的多重化身和伪装,或以类似的方式研究阿波罗、阿芙洛狄忒和雅典娜。在这方面,雅典娜因其独特外表、各种相关的节庆以及她的众多尊号、行事方式和属性而对人们的研究格外具有吸引力。然而，近几十年的学术强调了这种研究方法的风险性，因为，它可能会忽视古希腊宗教的主要特征之一——众神（the pantheon）的重要性。本章将关注的问题是我们应如何将雅典娜的独特性格与职能跟她作为希腊众神之一的地位这两方面综合起来，开辟出一条中间道路。

"新路径"：功能主义范式

19世纪和20世纪早期至中期，一个重要的关注点在于研究主神，追溯每个神的突出特征：例如，他们的别名，崇拜他们的圣殿及其节庆。最有名的例子是法奈尔的五卷本《希腊城邦的崇拜》（1896—1909），呈现了对主神的详细解释，记录了对他们的崇拜、纪念遗迹和理想类型。它记录了雅典娜崇拜的地理位置（Farnell 1896: 419—423），对雅典娜研究来说是一本有价值的参考书，但在回答诸神之间如何相互影响这一问题上却没有提供什么价值，因此如今看来已经有些过时了。这本书有效呈现了"宙斯崇拜""雅典娜崇拜""阿波罗崇拜"，等等（cf. Burkert 1985: 216），而未说明希腊人如何在一个多神教体系中感知他们的神，每位神都有其特定职能和特性，却并不单独行事。

对希腊诸神的研究,已通过一群法语学者的成果发生改变,他们常被称为"巴黎学派",试图通过诸神在众神间的地位来理解他们。正如最具影响力的学者之一韦尔南在其作品中所述:

> 我们必须分析众神的结构,然后指明各种力量是如何分组、相关联、相对立或相区分的。只有这样,每位神或每组神的相关特征才得以浮现出来。
>
> (1979: 99)

这一路径受到由法国人类学家列维-施特劳斯(Claude Lévi-Strauss)提出的结构主义影响,是一种解释雅典娜的相当吸引人的方法。它使我们不再必须研究她的史前形态,而能够着眼于被认为是显现了其本身的特定语境。在韦尔南、德蒂安等人的作品中,她与一系列神产生了一系列对立,在其间一贯使用她的技巧、技能和最重要的 metis [智慧]。这些特性是她在神话中的干预和崇拜的基础,也被认为是诠释她能力范围的关键。功能主义范式的影响体现在布尔克特对雅典娜功能的总结中:

波塞冬残暴地驭着这匹马，雅典娜为它装上马勒并制造了战车；赫尔墨斯能使羊群繁殖，雅典娜则教人们利用羊毛。即使在战时，雅典娜也并非有勇无谋——这在阿瑞斯的形象中有充分体现——而是培养战舞、兵法和军纪。

（1985: 141）

我们将通过呈现几则案例研究来探讨这一方法论，每则案例都关注她与其诸神同伴之一的关系。我们将以波塞冬为起始点，因为，正是他们的关系引发了从结构主义角度出发的特定兴趣。正如我们将见到的，有时透过结构主义视角理解雅典娜的常规方法，作为阐明其行为模式的手段效果有限。尽管一定程度上适用，但智慧/原始力量的对立在特定语境中过度受限，因为，雅典娜本身也被描绘为有所谓"原始"（elemental）力量的存在者。然而，通过重建这一模型，我们将看到，这一方法论为探索雅典娜的天性及其神际关系提供了一项有用的工具。

雅典娜与波塞冬：马和大海

正是在雅典娜与波塞冬共同负责的领域之案例中，结构主义的对立从表面看来尤为奏效。在其诸多能力领域中，波塞冬是一位易怒的神，惯于展现愤怒和残暴，与灵巧聪慧的雅典娜大相径庭。例如，他是撼地者（the earth-shaker），也是发洪水者（the bringer of floods），他造成破坏的能力，或许也体现在其对雅典人支持雅典娜而拒绝他的反应中：他在愤怒中淹没了阿提卡平原（见第五章）。

这两位神之间的对比显见于他们共同的活动领域之一——马术。波塞冬·希庇俄斯（Poseidon Hippios）和雅典娜·希庇亚（Athena Hippia）都是"马神"，但是雅典娜已被认定为智慧之神，而另一位则掌控着原始力量，二者形成鲜明的对比。波塞冬是出类拔萃的马神，他在一块岩石上射精，创造了这一史无前例的生物，而他的其他后代中还有传说中的飞马佩伽索斯（Pegasos，他与美杜莎［Medusa］的孩子之一）和阿里翁（Areion），后者是他假扮为一匹种马强奸德墨忒耳·厄里倪厄斯（Demeter Erinys）（"狂怒"）所生。相比之下，雅典娜的干预涉及技巧和技术。正如引为本章题词的《荷马颂诗：致阿芙洛狄忒》中所述，她是"第一位教凡间工匠制作战车和用青铜锻造马车的神"。她送给柏勒洛丰（Bellerophon）一个马嚼子，使柏勒洛丰得以驯服波塞冬的儿子佩伽索斯（Pindar, *Olympian* 13.75—78）。两位神之间的结构主义对立提供了一种方法，来理解他们分别具有的不同能力。波塞冬是马的创造者，而雅典娜驯服了它，并使它为人类所用。的确，她自己也参与过造马，但那不是一只活物，而是特洛亚木马，是诡计、工巧与欺骗的极致案例（详见第四章）。

然而，当我们转向大海，将代表原始力量的波塞冬与代表文明和智慧力量的雅典娜放在一起对比时，结构主义对立作为方法就没那么奏效了。波塞冬是希腊人的主海神。雅典娜也被尊为一位海神，例如，她在阿戈里德（Argolid）一处叫作布珀尔忒墨斯（Bouporthmos）（"公牛渡口"[ox crossing]）的海角被敬奉为普罗玛科尔玛（Promachorma，"锚地的守护神"），还在皮洛斯（Pylos）附近的考吕怀仁（Koryphasion）海角被奉为考吕怀希亚（Koryphasia）。同时，她最有名的海事崇拜在阿提卡南端的苏尼翁海岬（Cape Sounion），位于波塞冬·索特尔（Poseidon Soter）（"安全"[safety]）庇护下的一座低丘上。

智慧/原始力量的对立适用于大海，但也只是在一定程度上。大海对希腊人这样的航海民族至关重要，它被认为是暴烈、危险和"**荒凉**"（atrugetos）的所在。这些特性反映在波塞冬的天性中。当世界被波塞冬、宙斯和哈德斯分治时，大海被分配为波塞冬的领属，宙斯分得天界，哈德斯则成了冥王。和他的兄弟们一样，波塞冬既是控制其指定领属的神，也与这一领域密切相关。在《伊利亚特》中，当他骑马渡海时，"大海在他面前分开,欢欣快乐"(13.29);但当他愤怒时,大海是毁灭性的,并有致命的可能,正如《奥德修纪》中奥德修斯因戳瞎了他另一个儿子独眼巨人波吕斐摩斯(Polyphemos)的眼睛而招致了神的愤怒时所发生的那样。相比之下,当雅典娜介入大海相关事宜时,常促进包括造船术、航海术和操舵术等技术性活动。她建造了世界上第一艘船,有观点认为就是伊阿宋或达那俄斯(Danaos)(Apollodoros 2.1.4)的那艘船,那艘将海伦(Hellen)带回特洛亚的船也出自她的手(Homer, *Iliad* 5.59)。在史诗最著名的远航中,伊阿宋和阿尔戈英雄(Argonauts)前往科尔喀斯(Colchis)以夺取金羊毛(the Golden Fleece),她为阿尔戈号(Argo)挑选树材、选择领航员并指导造船(Apollonius Rhodius, *Argonautica* 1.18—19; 109ff.)。远行途中她也介入,在引人注目的撞岩事件中,她帮助船只在性命攸关之时通过(2.598ff.)。她也在奥德修斯的儿子忒勒玛霍斯(Telemachos)寻找父亲音信的过程中协助他(Homer, *Odyssey* 1.113ff),为他配备何种船提供建议,在旅途中为他指路,还吹起一股刮向皮洛斯的顺风。

雅典娜被描绘为能够以一种与其伙伴海神不同的方式行事,介入以帮助有技能的实践者与海员在波塞冬的势力范围开辟出一条道路。仅仅把她定性为一位智慧女神,就过于简化她作为一位海神的职能了。她本身也能控制海域的情况，还能引起风暴，猛烈程度与摧毁性不亚于波塞冬所引起的那些。当她从宙斯的头颅中跳出时，"大海黑涛汹涌，泡沫四散"（*Homeric Hymn* 28.11—13）。同样地，在她对希腊人洗劫特洛亚时的亵渎行为暴怒时，她制造风暴摧毁了返程中的舰队（第四章）。

由于雅典娜能够以一种影响海域情况的方式行事，雅典娜（智慧）与波塞冬（原始力量）之间标准的结构主义对立，作为一种方法来解释雅典娜的独特行事模式显得极受局限。但我们的考察绝非想要摒弃结构主义的方法论，而是证实了它能够阐明雅典娜某些特性。比较两位神作为海神的形象，可以发现他们之间存在十分有趣的差异。波塞冬的行动受其原始力量职能的引领。相较而言，雅典娜施展的力量具有二元性，她推进技术活动，既是大海的"教化者"，也是有着制造猛烈风暴能力的神祇。

结构主义方法论的价值在于，它证实了那些我们已认定的雅典娜的特质，即她有着一种特殊的二元性。一方面，她是一位教化者，带来秩序，解决各种问题；另一方面，她也能够引发无序和混乱。我们现在将通过调查雅典娜与赫菲斯托斯的关系，进一步检验这条路径的影响。

雅典娜与赫菲斯托斯：技术性手工艺

作为火神、铁匠与工匠之神，赫菲斯托斯与火联系紧密，他的圣名即可意指这种元素。这在某种程度上与波塞冬和大海的紧密联系类似，只不过赫菲斯托斯也是被赋予了智慧（metis）的神，这种狡猾能够使他超越单一的原始力量。他是火，但也是能够利用和驯服火的匠神。作为 klutometis（"以狡猾著称的神"），那些包括阿喀琉斯之盾在内的有着卓绝工艺的作品皆出自他手，辅助他锻造的是几个装有金轮、能够自行移动的三脚架，还有用金子打造的自动装置。多亏了赫菲斯托斯，雅典娜才得以顺利诞生——当时他用他的"接生斧"（child-delivering axe）将她从宙斯体内解放出来（Kallimachos fragment 37）。他也为他的母亲赫拉制造了一个闪闪发光的诱人宝座，但她在其上无法脱身，直到他将她从那些隐形束缚中松绑。这将我们带至他狡猾的另一面。他是诸神中的局外人——跛脚的神，一出生就为他的母亲所厌恶（第一章）——但他能够运用他的技艺设法报复。这一能力在他报复阿芙洛狄忒时表现得最为明显，他把她及其情人阿瑞斯困在一张做工精良的隐形的网里（Homer, *Odyssey* 8.266ff.）。他的欺骗和诡计如此有效，以至于能够困住精于爱情花招的女神。

雅典娜作为纺织工,也能制作出精密的物件。她的别名之一为埃尔戈涅(Ergane,"工人"),并且有时被描绘为拿着纺织工具的形象。例如,根据古代一则关于雅典娜神像(palladion)的描述,"其右手举着一根矛,而另一只手拿着一个纺纱杆和一个纺锤"(Apollodoros 3.12.3)。在她与凡间织工阿拉克涅(Arachne)的竞赛中,她制作了一张有着"微妙精美色彩、浓淡过渡自然"的挂毯(Ovid, Metamorphoses 6.63—64, tr. Melville)。在《伊利亚特》中,她身着自己纺织的衣裙(5.734—735),而在制造神盾的一个版本中,从巨人帕拉斯(Pallas)身上剥下的皮为她的工艺提供了原材料(Apollodoros 1.6.2)。她不仅纺织自己的衣物,也是凡间纺织工们的保护神,无论是那些以此作为家务的女人——例如引为本章题词的《荷马颂诗:致阿芙洛狄忒》中在其家中施展技艺的"肤如凝脂的少妇"——还是那些以此为职业的织工。《帕拉廷文集》(*Palatine Anthology*)中有许多诙谐短诗涉及专业从事纺织的女子,她们以自己的工具供奉雅典娜,以寻求庇护。例如,在 6.288 中,四个姐妹将自己的工具作为利润的一部分献给她,并祈祷生意兴隆,而在 6.289 中,三个姐妹在退休之时献上了她们的工具。

雅典娜也与其他技术活动相关。她不仅协助创造特洛亚木马，还制作了雅典娜神像，貌似她名为帕拉斯（Pallas）的童年朋友（Apollodoros 3.12.3）。她是陶工的保护神，与赫菲斯托斯共享作为金工之神的职能，区别在于她自己不与金属打交道。当她需要武器时，她如诸神之所为一样求助于赫菲斯托斯，这一区别提供了一种方法，以理解雅典娜与赫菲斯托斯在诸神间的地位差异。正如我们所见，赫菲斯托斯是诸神的仆从，一个乐子，其地位与雅典娜相比处于边缘，而雅典娜，用赫拉的话说，可是"在有福的诸神中位居首列"（*Homeric Hymn to Pythian Apollo* 315）。这一对照映射了希腊社会中金属工人的地位，尽管他们对社会至关重要，却仍被边缘化，甚至为人所畏惧。雅典娜有着传授技术和促进男性工艺的技术能力，她自己却不使用这些材料。

那么，我们目前认定的主要差异是，当两位神都作为手工艺之神时，赫菲斯托斯的作品皆随熔炉的噪音而出，而雅典娜似乎不会亲自上手。相较而言，她的独门绝技纺织，是一项绝佳的女性活动，因为在这样一个社会中，女人合乎体统的角色就是在织布机前工作。这种分工反映了两位神在创造潘多拉（Pandora）时各自的职责，赫菲斯托斯操作基底材料（陶土），而雅典娜教她纺织：

> 他［宙斯］敦促有名望的赫菲斯托斯赶快行动，将土与水混合，并赋予其说话能力和人类的力气，还造出一副甜美可爱的少女身形，貌似不死的众女神；然后雅典娜教她女红，编织各种各样的网。
>
> （赫西俄德，《工作与时日》[Works and Days]
> 60—64, Loeb translation, slightly adapted）

到目前为止，我们一直在强调这两位神的不同行事方式。然而，作为工艺男神和工艺女神，他们时常成双出现并遵循相近的行事方式。在《奥德修纪》第 6 卷的比喻中，他们都被想象为传授"各种技艺"给"一些技艺精湛的男子"，使其制作出**"优雅的"**（charieis）作品（6.232—234）。他们在雅典的亲密关系，反映了手工艺在这座城市中的重要性，尤其是他们在市集（Agora）上方的赫淮斯特翁神殿（Hephaisteion）中的联系——在那里，雅典娜甚至被称为赫淮斯忒亚（Hephaisteia，"赫菲斯托斯式的女神"）。以两位神命名的喀尔凯亚节（Chalkeia）是铁匠的节日。这也是架起织机为泛雅典娜节纺制女士长袍（peplos）的时节。换言之，在对雅典娜和赫菲斯托斯的崇拜中，男性的工艺与女性的手艺一同受到尊敬。

作为手工艺之神，雅典娜与赫菲斯托斯共同负责促进文明。

例如，一首俄耳甫斯颂诗想象了"雅典娜主持多项技艺，特别是纺织，而赫菲斯托斯尤其监管其他技术"（Kern, *Orphica Fragmenta* 178）。这一共同恩泽在《荷马颂诗：致赫菲斯托斯》中更进一步，其中他们被设想为使人类得以开化的形象，因为他们"传授世界各地的人们辉煌的手工艺：人们先前像野兽那样住在山洞里"（20）。这样的观念或许潜藏在关于先王之一厄里克托尼奥斯诞生的雅典基础神话背后：

> 雅典娜来找赫菲斯托斯，希望他制造武器。但是，已被阿芙洛狄忒拒绝的他开始渴求雅典娜，并开始追求她，而她逃跑了。当他带着巨大的痛苦接近她时——因为他是瘸腿——他试图与她发生关系；而她是贞洁的处女，不能允许他这样做，于是他射精在女神的腿上。在厌恶中，她用羊毛擦去精液，并将其扔在地上；并且当她遁去时，精液掉在了地上，厄里克托尼奥斯（Erichthonios）就这样诞生了。
>
> （Apollodoros 3.14.6）

这则多层面故事（将在第五章中进一步讨论）的一个方面，涉及赫菲斯托斯和雅典娜在本无法生育的情况下生产一个孩子的能力。赫菲斯托斯那近乎魔法般创造非凡事物的能力，显见于他混合精液与泥土生产厄里克托尼奥斯。然而，厄里克托尼奥斯之起源的辨清，在于雅典娜的中介身份。在别处她是赫菲斯托斯有创造力的伙伴，此处，当她擦去她腿上的精液并将其掷在地上，则成了他某种意义上的性伴侣。厄里克托尼奥斯，甚至在他名字的一个古代词源中，是"羊毛的–泥土的"（Wolly-Earthy）（*erion-chthonios*: Etymologicum Magnum sv. *Erechtheus*; Scholia on Homer, *Iliad* 4.8）。在这里，他是赫菲斯托斯能够用以制造生物的泥土之产物，也是雅典娜在其精湛手艺中使用的羊毛之产物。

运用结构主义方法论来研究雅典娜与赫菲斯托斯在其共同行动领域的关系，为我们理解雅典娜作为技术性手工艺之神的行为模式提供了一种方法。她是赫菲斯托斯在崇拜中的伙伴——甚至是某种意义上的性伴侣，分享他的职能，二者作为技艺的守护神，共同拥有着心灵手巧之智慧。通过她对技术性手工艺的庇护，雅典娜再次作为文明的恩人出现，她有着技术能力，并将这种能力传授给人类。这进一步证明，结构主义方法论无须完全依赖对立，也能阐明一对有着可类比之专业领域的神的行为模式。

雅典娜与阿瑞斯：战争

阿瑞斯是战争暴力和混乱的化身，而雅典娜则发明战车和战舞来规范和系统化战争，对二者的区分已近乎于老生常谈。19 世纪，在鲁斯金（John Ruskin）的阐述中，阿瑞斯是"野蛮的强力"，而雅典娜代表着"消逝在纯净空气与快速运动中的年轻生命力"（1890: 49）。这一差异再次浮现在受结构主义影响的研究中，被用以反映希腊战争的理想（e.g. Daraki 1980）。人们说阿瑞斯代表了战士们应当避免的那种暴力行径，而雅典娜代表着战士们应当为之战斗的战争。阿瑞斯表示那些战士的狂妄自大，他们试图与诸神对抗；雅典娜则激发 *menos*［**武力**］（"力量""勇气"或"超凡技能"）。

识别两位神之间的相似性是可能的，但这样却会破坏这些相当齐整的模式，因为雅典娜为了激发武力的行事方式可以让阿瑞斯产生共鸣。自她摇着盔甲，发出战斗呐喊而诞生时，她就是个战争狂（第一章）。她在诸神与巨人的战斗中展现了凶残，甚至剥了帕拉斯的皮，并且如我们所见，用他的皮制作了神盾。这一部分将探索她的一些好战特质和干预措施，来确定认为雅典娜是文明与智慧之神的结构主义观念在这种情况下有多适用。

在《伊利亚特》中，雅典娜在激战之时加入，以协助她偏爱的人。在第5卷中占主导地位的狄奥墨德斯（Diomedes），其非凡武力便是由这位女神所激发的（e.g. 5.1—8）。他一度在雅典娜的影响下变得怒不可遏，"像一阵冬天的激流席卷平原"（87—88），以至于无论是希腊人还是特洛亚人，都无法辨别出他是谁，甚或无法辨认他向着哪一方。这与史诗中通常的战斗模式截然不同，史诗中的战士们知道其对手的身份和血统。实际上，狄奥墨德斯自己也展现出这样的自制力，他避免了与特洛亚人格劳科斯（Trojan Glaukos）搏斗，因为他们的祖先是客人—朋友关系（6.212—231）。

在雅典娜的帮助下，她的另一位宠儿阿喀琉斯也显示出一副与通常模式下的英雄举止不同的模样，当她用神盾遮蔽着他，将金色的云朵环绕在他的头上，使他冒出熊熊火焰（18.203—218）。接着他发出一声战斗呐喊，她也应和着他，结果极为惊人——"难以言喻的混乱"随之发生（218），蔓延的慌乱因"友军之火"而导致了死亡。这种事，《伊利亚特》中仅此一例。因雅典娜有能力激起如此极端的战士行为，她与阿瑞斯的相似性得以凸显。事实上，《伊利亚特》常常拿两位神作比较——尽管他们的关系显得并不友好，证据如阿瑞斯向宙斯抱怨其对雅典娜显露出的偏爱（第一章）——例如，阿喀琉斯之盾上有对雅典娜和阿瑞斯率领的被围困城镇的守军出征的描绘:"每个人都是金色的,穿着金色的服装,在他们的盔甲中显得漂亮又精神。"(18.516—517)两首《荷马颂诗:致雅典娜》(11.2—3)中较短的那首总结了这一关系。雅典娜是"可怕的",它说道,"和阿瑞斯一起,她把她的职业变成了战争、洗劫城市、叫喊和战斗"。

但是,总有一定程度的区别。荷马时代的英雄们在激战之时变得"等同于阿瑞斯"。当雅典娜干预时,产生的是亲密而非这种等同。她是一位牵着手引导战士的神(4.541—542),人们无法想象阿瑞斯会这么做。此外,不同于阿瑞斯,雅典娜能够使自己远离战争和暴力。在《伊利亚特》中(5.733ff.),她为战士换上武装,脱下身着的自制衣裙,取而代之的是武器,最引人注目的是那面"可怕的穗纹神盾"上有拟人化的抽象概念:福布斯(Phobos)(恐惧),厄里斯(Eris)(冲突),阿尔克(Alke)(力量),令人毛骨悚然的伊欧克(Ioke)(追击),还有最重要的"可怕的怪物戈耳贡的头,看起来既可怕又丑恶"。这些抽象概念变为她造成的景象的一部分;但他们也可以分割开来。

与此同时,阿瑞斯与其中一些形象有着更为固定的依附关系:福布斯和厄里斯甚至是他的亲戚,因为他被认为是前者的

图4：赫拉克勒斯与涅墨亚狮子，阿提卡黑陶双耳瓶（Herakles and the Nemean Lion, Attic black-figure amphora, Virginia Museum of Fine Arts, Richmond 60.23. The Arthur and Margaret Glasgow Fund. Photo: Katherine Wetzel. © Virginia Museum of Fine Arts）

父亲（e.g. Iliad 13.299），也是后者的兄弟（Iliad 4.441）。或许我们此处所见是装甲与自然力量的对比。两位神之间的对立，与其说是一种宇宙的、毁灭性的力量与"文明战争"之间的对立，不如说是自然力量与武装力量之间的对立。正是雅典娜的武器，外加她狂暴的呼声与怒目，使她成为战争之神，她对所拥有的力量收放自如。与此同时，阿瑞斯更为密切地与其战争力量相关，或许我们可以赫西俄德《赫拉克勒斯之盾》(*Shield of Herakles*) 中对两位神的描绘为例（191—200）。"那里"，诗歌叙述道，"是邪恶的阿瑞斯，身披污秽者（spoil-wearer）本人。在他手中，拿着一支矛，他催促他的步兵，他挂了彩，浑身是血"。"而那里"，诗歌继续道，"是宙斯的女儿，**战利品**（*ageleiē*）带来者（bringer of spoil）特里托革尼亚。她看起来仿佛想要为战斗武装自己，因为她手中拿着一支矛，还有一顶金色的头盔，肩头还有神盾"。在特定方面，他们在描述中常被加以比较。阿瑞斯是"身披污秽者"，而雅典娜是"战利品带来者"，而当阿瑞斯浑身是血时，雅典娜则身着武装。

阿瑞斯仅仅是战神。当有需要时，雅典娜是好战的，而她远不仅如此。这一点或许反映在图4中，即图2的另一面，后者我们在第一章中讨论过，在图4中我们看到的雅典娜，与那身着其战士的全套甲胄从宙斯头颅中出现的光彩照人的女神看起来非常不同。她仅仅佩着她的矛，与赫拉克勒斯那全副武装的凡人助手伊俄拉俄斯（Iolaos）形成有趣的对比。

评价雅典娜干预战争的标准方法太局限。然而，这并未推翻结构主义方法论对几对神的比较与对照。对比之下，雅典娜展现出了她作为一位战士的特殊行事方式，她干预以辅助她偏爱的人，还能激发他们发挥出战斗力，同时她的力量源于她的武器，而非阿瑞斯所代表的那种对战争的天然热衷。

小结：理解雅典娜的关键？

我们考察的结果是，雅典娜作为一位多面相的女神有着众多职能，包括航海技术、马术、手工艺和战争。我们的探讨也进一步阐明了雅典娜智慧的天性，她能将天然的、危险的和原始的物质转化为有用的事物，包括近乎不可能的原材料，例如，帕拉斯的死尸，还有当赫菲斯托斯试图与她发生关系时她携带的羊毛。我们对其在众神间角色的研究表明，她以技术和创造力之神的身份出现，促进创造力和秩序，但受其力量另一面的影响，她也是风暴带来者和战争狂。

探索与雅典娜相关的结构主义方法，加深了我们对她的一些与众不同的特质的理解。这也展示了她如何在诸神大融合即众神（the Pantheon）之中行使职能。不存在一个分离的"雅典娜崇拜"。她作为一张存在之网络的一部分行事，因此，在各个职权领域中，她都与她的伙伴神们形成各种比较和对照。

四、男性英雄、女性英雄与特洛亚战争

我们拥有的同盟神不比阿耳戈斯人的差,殿下。尽管赫拉是他们的拥护者,是宙斯的妻子,而雅典娜站在我们这边。这也是我们好运的来源,即我们拥有更好的神。因为,帕拉斯·雅典娜不会容忍失败。

——索福克勒斯《赫拉克勒斯的孩子们》

(*Children of Herakles*, 347—352, tr. Kovacs)

引子:助友损敌

雅典娜出场的神话范围非常广泛,某种程度上缘于她身为英雄们的保护神。她参与那些和无数英雄有关的故事,从特洛亚的希腊战士到伟大的探险者诸如伊阿宋、佩耳修斯,以及最重要的赫拉克勒斯。她的职能如此广泛,甚至可以说,在希腊神话中,英雄的"资历证明"就是拥有雅典娜的支持。奥托(W. F.

Otto）令人印象深刻地认定雅典娜为"亲近女神"（goddess of nearness，1954）。正是在她对英雄性命的干预中，这一特性描述引起了特别的共鸣。

然而，这种保护和协助也有另一面。她不仅是一位英雄可能获得的最佳朋友，也如我们将看到的，她又是任何被她视为敌人的凡人凶猛顽强的加害者。这一点容易为人们所忽视。我们倾向于将这类加害者的角色同其他神祇联系起来，例如赫拉或波塞冬，他们对奥德修斯的迫害是这则英雄神话的驱动力。然而，事实上，那些招致雅典娜不悦的人遭受了毁灭性的后果。例如，埃阿斯（Ajax）一度也是她钟爱的人，直到有一次，当她在特洛亚战场上出现在他面前时，他拒绝了她，声称有他非凡的力量，不需要她的帮助（Sophocles, *Ajax* 770—776）。

她对埃阿斯的迫害是无情甚至令人惊悚的。在争夺阿喀琉斯武器的余波中她使他发疯，而后又将他送进希腊人的帐篷，让他以为自己在杀死奥德修斯和其他希腊人，而自始至终只是在屠杀他们的牛。通过雅典娜的介入，他变成了一个可悲的、受蒙骗的人物，他的羞耻心最终将他引向自杀。奥德修斯看到这些受蒙骗的英雄时能够感到同情：

> 我可怜他的不幸，尽管他是我的敌人，因为这可怕的盲目

的枷锁正套在他的身上。

(索福克勒斯,《埃阿斯纪》121—123, tr. Moore)

与之相反,雅典娜是冷酷无情的:

嘲笑你的敌人吧——还有比这更甜美的笑声吗?

(78—79, tr. Moore)

我们既将雅典娜视为英雄们的帮助者——她为了偏爱的人使用她的力量;又将探索她作为加害者的角色——这不仅针对个体,也针对整个族群。正如我们将看到的那样,特洛亚人因为引起了雅典娜的不满而导致了城市的陷落。而反之,希腊人也是一样,特洛亚战争后,她与他们**全体**(*en masse*)敌对。最后,我们将调查雅典娜与神话中的女性英雄的关系。尽管她对男性英雄们有着亲密甚至柔情,却与一系列女性不和,或是给她们带来了痛苦。对她与神话中的年轻女性之联系的考察,将使我们更深入地了解希腊人怎样理解作为一位女性神祇的她。

远征的英雄们

远离家乡、身处陌生而不友好的国度时，众多远征中的英雄们能够在雅典娜的帮助下，克服他们途中的种种困难。在前章中我们看到了雅典娜如何通过提供马嚼子来帮助柏勒洛丰驯服佩伽索斯，又如何指导伊阿宋为前往科尔喀斯的旅途作准备并取得金羊毛。大多数的资料都为伊阿宋配备了一位凡间助手，当他抵达科尔喀斯时，当地的公主美狄亚（Medea）对这位访客的爱使她背叛了自己的家庭。图5出自一只由多里斯（Douris）做的约公元前480—前470年的红陶双柄杯（red-figure kylix），上面描绘了雅典娜看着这位英雄被守护金羊毛的龙吐了出来。

另一位英雄佩耳修斯，若没有雅典娜就会不知所措。出征前，佩耳修斯是个鲁莽青年，他把戈尔贡的头颅作为结婚礼物送给了他母亲的求婚者波吕得克忒斯（Polydektes）。当他被派遣至戈尔贡的领地时，雅典娜在他面前出现，这次她带着一位同谋——旅者之神赫尔墨斯。两位神为他提供了带翼的凉鞋，使他能够飞到美杜莎及其姐妹居住的土地上；后来他又带着她被砍断的首级逃逸。他还被赋予了一把半月形刀以砍下头颅，还有一只口袋来放置它，以确保他不会无意间被她的注视石化。他还被允许借用了哈德斯的隐形帽。雅典娜的另一样礼物是一面镜子，这使他得以看这怪物的倒影，而不必直视她的眼睛。

图5：伊阿宋被龙吐出来，雅典娜在旁观察，阿提卡红陶杯（Jason being disgorged by the dragon, observed by Athena; Attic red-figure cup from Cervetri by Douris; Rome, Vatican 16545; redrawn by S.J. Deacy）

在她对佩耳修斯的恩惠中，雅典娜作为智慧之神而介入。每样物品都扭转了他作为一个身处怪物居住地的孤身凡人的处境，使他得以在一个陌生的地界成功，在那里，仅有武力将是徒劳的。以其石化的力量，美杜莎当是无懈可击的，然而在雅典娜的指导下，佩耳修斯砍下了她的头，戴着他的帽子隐身逃离现场，还带着另一样礼物回到文明世界——带翼的凉鞋。雅典娜并没有让佩耳修斯的任务变得简单，相反，她使佩耳修斯得以成功地完成了原本条件对他不利的任务。

奥德修斯与赫拉克勒斯

佩耳修斯的成就没有雅典娜的帮助就不可能实现，而奥德修斯与赫拉克勒斯的成功，则部分利用了他们自己的资源。以他无数次施行体力和耐力的功绩为证，赫拉克勒斯非凡的力量自幼可见，当时他在婴儿床中勒死了赫拉派来杀死他的毒蛇。他的功绩使得佩耳修斯等人的事业相比之下变得平淡无奇，主要因为他们的事业只是围绕着一项功绩开展。赫拉克勒斯的手下败将，包括那些本当立于不败之地的怪物，例如有着刀枪不入之皮肤的涅墨亚狮子（the Nemean Lion），以及有着再生头颅的九头蛇许德拉（Hydra）。作为一位"无尽地漫游在无垠的大地和海洋之上"（*Homeric Hymn to Herakles* 4—5）的英雄，他的足迹超过了任何一位英雄，他甚至远至冥界去俘虏了刻耳柏洛斯（Kerberos）。

至于奥德修斯,他能够利用狡猾,这也使他"永远"如《奥德修纪》描述的那样,"用尽心中的一切过人之处"(13.255, tr. Lattimore)。例如,他负责谋略,使得特洛伊被攻下:"伟大的奥德修斯把那匹计谋马一次性装满人手并送进上城"(8.493—495, Lattimore translation, slightly adapted)。他与他人交往的特点是谨慎,正如《奥德修纪》第13卷中,当雅典娜在伊塔卡(Ithaka)出现在他面前时,近乎沮丧地发现的那样。用她的话说,他"诡计多端,永不疲于欺骗",是一个即使回到他的家乡,也继续运用着"诡计和……虚假的谎言"的人,这些是"你的本质上对你而言最珍贵的"(291—295)。

表面看来,奥德修斯与赫拉克勒斯似乎不如佩耳修斯和伊阿宋那么需要神的帮助。《奥德修纪》甚至将奥德修斯描绘为雅典娜的凡间对照,其对狡猾的运用与雅典娜在奥林波斯的名声有着相似之处。雅典娜说道:

迄今为止你是最擅长谏言和谎言的人,而我在诸神中以才智和技能著称。

(13.297—299)

然而事实上,这两位英雄都受到了来自雅典娜一再的帮助。

考察雅典娜对奥德修斯以及后来对赫拉克勒斯的庇护，将使我们能够研究英雄神话那几乎堪称悖论的特点：英雄越是伟大，越是值得神帮助。

奥德修斯是一众在特洛亚得益于雅典娜帮助的英雄之一（e.g. *Odyssey* 13.314—318）。当特洛亚战争结束后，他试图回到伊塔卡时，雅典娜以宙斯的名义对他进行的帮助使她也陷入了特殊的麻烦中（e.g. *Odyssey* 1.44 ff.），因为这有可能使她与奥德修斯的敌对神波塞冬发生冲突。在《奥德修纪》中的某些时刻，当他认为他正完全依靠着自己的力量时，雅典娜实际上正在身边暗中帮助着他。例如，在斐亚克人（Phaiakians）的岛上遭遇海难的奥德修斯，运用他的魅力得到了当地公主瑙西卡（Nausikaa）的支援。他随后也赢得了人民的好感（7.139），尽管他们生性提防陌生人。然而，自始至终，雅典娜都在为他作干预。与瑙西卡邂逅的发生只是因为雅典娜出现在这女孩的梦境里（6.13 ff.），告诉她和同伴们去到河边，而那里正躺着船只失事的奥德修斯。当他运用自己的力量争取瑙西卡的支持时，雅典娜改变了他的外表，使他更为英俊高大（6.229—235）。运用她的变形能力，她也使他受到斐亚克人的喜爱（8.18—23）。

雅典娜对奥德修斯的干预，与埃阿斯提出的英雄成就的概念是两个极端，后者忽视了雅典娜作为一位行善之神的特点。

她的干预提升了她所宠爱之人的成就,鼓舞而非损害了他们的英雄气概。

赫拉克勒斯甚至从雅典娜的帮助中比奥德修斯获益更多。"我常常拯救他",在《伊利亚特》中她回忆道,"当他因欧律斯透斯(Eurystheus)手下的艰难险阻而筋疲力尽时"(8.362)。在索福克勒斯的《特拉克妇女》(*Trachiniae*)中,他正在濒死之时痛苦地向雅典娜哭诉(1031)。雅典娜的在场是他的任务和其他成就之视觉描绘的常见特征。包括上方图4在内的瓶画,常常显示她观察着他的行动,而对十二劳绩最有名的呈现当数奥林匹亚宙斯庙的壁画(参见例如 Carpenter 1991: fig. 173),其中四个场景中的雅典娜,都在观察、陪伴并积极帮助她的受保护人。例如,在第一张壁画中,她看着赫拉克勒斯战胜了涅墨亚狮子。在图4中,雅典娜呈现为一个少女样的、有些被动的形象,除了手持一支矛,缺乏其他任何战士特征。相比之下,在第十张壁画中,雅典娜积极地站在身后帮助赫拉克勒斯举起天空,分担负重。

雅典娜为赫拉克勒斯提供的帮助贯穿其英雄生涯,程度惊人。甚至当他与诸神发生冲突时,她也帮助他:当他试图偷走德尔斐三足鼎(Delphic tripod)而与阿波罗发生冲突时,她在帮助他;当他在她的帮助下杀死了阿瑞斯的儿子库克诺斯

（Kyknos），随后与这位神本身正面交锋时，她也在帮助他。根据赫西俄德的《赫拉克勒斯之盾》来看，她对这位英雄如此支持，以至于在这次事件中她介入以挽救他的性命——当时阿瑞斯朝他投出一支标枪，而她改变了其力量的方向（451—456）。

雅典娜对赫拉克勒斯的支持，是对另一位女神赫拉的弥补。他这位继母的敌意甚至在他出生前就可见一斑，当时她延长了阿尔克墨涅（Alkmene）的分娩，以确保他的表兄欧律斯透斯先他出生，并代替他成为阿耳戈斯的王。他出生后，她继续其迫害，给他的婴儿床中送去一条毒蛇来杀死他。但从他生命早期开始，当他在尝试处理赫拉设置他人生路上的重重挑战时，赫拉克勒斯就得到了雅典娜介入的帮助，在一个故事中（Diodorus Siculus 4.9.6—7），她甚至运用其狡猾的能力来对抗她的伙伴女神。出于对赫拉愤怒的恐惧，阿尔克墨涅抛弃了新生的赫拉克勒斯。两位女神从这无依无靠的孩子身旁经过时，雅典娜便说服赫拉为其哺乳，为他带来她身为一个处女无法提供的滋养。

雅典娜对赫拉克勒斯在其作为一位英雄的事业中的支持，以他化为神祇画上句号。在她的帮助下，他跨越了人与神之间通常闭塞的界限。这一进程分为两段：首先，他乘坐着由雅典娜驾驭的战车从大地到达奥林波斯；随后，他由雅典娜引荐给宙斯，这是他的父亲，也是他即将成为的同类（图6）。这一转变鲜有英雄达成。即便是雅典娜的其他宠儿，虽然她也为他们留出不朽的位置，但他们在最后关头都失败了。提丢斯（Tydeus），"七雄攻忒拜"的英雄之一，狄奥墨德斯的父亲，他甚至比他的儿子更受雅典娜的喜爱（第三章）。当他受了致命伤躺在战场上时，雅典娜决定使他永生，但这一礼物在最后关头收回了。

图6：雅典娜向宙斯引荐赫拉克勒斯，阿提卡黑陶杯（Athena introduces Herakles to Zeus, Attic black-figure cup, London, British Museum B 424）

为了报复他的死敌美拉尼波斯（Melanippos），提丢斯开始吃他的脑子（Apollodoros 3.6.8）。这一行径冒犯了雅典娜，她收回了她的礼物。在雅典娜的"孩子"厄里克托尼奥斯（详见第五章）

的例子中，他的永生过程已经开始，而凯克洛普斯（Kekrops）的两个女儿窥探了装着他的箱子。一旦被打断，厄里克托尼奥斯就仍是凡身，雅典娜只好拿他当人类婴孩来抚养了。

然而，赫拉克勒斯成功完成了转化。这一神化过程涉及一个有趣的反转。他通常化身为"超人"，能够在很大程度上依靠自己的广泛资源完成非凡的任务。而这次相反，赫拉克勒斯被赋予了其他活动中从没有展现过的顺从性。在他前往奥林波斯的战车场景中，他拘谨地站在战车上，而雅典娜握着缰绳。观察表明，这些场景是对古希腊婚礼描绘的呼应，在这些描绘中，新娘将由新郎驾驶着一辆马车送至她的新家。因此，当他从人转化成神时，他暂时表现出一定程度的顺从，这使人联想到肖像学术语中典型的顺从形象——新娘。

如果说赫拉克勒斯是新娘，那么，实际上雅典娜就是新郎。这一反转的惊人本质并没有被评论家们忽略（e.g. Leduc 1996），他们注意到了两者间的不协调：出类拔萃的处女雅典娜扮演着一个典型的男性角色，而著名的夺取女子贞操者赫拉克勒斯被描绘为她的新妇。在雅典娜向宙斯引荐赫拉克勒斯时，对婚礼意象的运用也显而易见。图6呈现了一则可类比的图像，其中雅典娜体现出男性主导的形象，而赫拉克勒斯则表现出与之相对的女性的顺从与被动。雅典娜抓着赫拉克勒斯的手腕，把他引向宙斯。这一行为使人想起婚礼肖像学的标准特征之一："**手在腕上**"（*cheir epi karpō*）姿态，这个动作带有绑架意味，将似乎并不情愿的新娘带至其目的地。

雅典娜同赫拉克勒斯独特的亲密关系，也被描绘在数个希腊花瓶上的亲密场景中（参见 Deacy 2005: 40—41）。在其中一些场景中，这两个形象显示为正在一起休息，或是与其他形象一起进行娱乐活动。当赫拉克勒斯躺着的时候，雅典娜常常站在他身边。在其他场景中，他在弹奏竖琴，而雅典娜在他身边。别的场景中，雅典娜被赋予了为他斟酒的角色，她从一只壶中将酒倒进他拿着的一个容器里。其余瓶画展现了他们握手的样子。尝试解释这些画面是一个令人沮丧的过程，因为，我们不清楚应当把它们放在赫拉克勒斯神话的什么地方。雅典娜陪着他，是在他劳作之余休息时吗？或是应当将它们视为神化后的场景，描绘的是两位神在彼此的陪伴下享乐？无论情况如何，它们都描绘了一种亲密关系和私密联结，这超越了雅典娜的任一关系，甚至是与她父亲宙斯的关系。

"那宙斯所生的特洛亚女孩"

在本章中，雅典娜作为女神出现，能够给各种情况带来意想不到的、看似不可能的结果。她对特洛亚战争的介入，也许是这一能力最为极端的例子。特洛亚的福祉本应得到保障。不仅对宙斯来说特洛亚人比其他任何民族都更珍贵（e.g. *Iliad* 4.44—49），而且这座城市还受到雅典娜本人的保护，它拥有雅典娜神像，人们相信雅典娜的这一雕像具有护身符般的属性。神像坐落在特洛亚卫城顶峰上她的神庙之中，人们相信是雅典娜亲自创造的这一貌似她死去的朋友帕拉斯的神像（见本章后文），因此相信它应当具有特殊的保护力。然而，由于雅典娜的行为，特洛伊最终为希腊人所洗劫。

特洛亚的故事，在一定程度上，是一座受雅典娜保护的城邦自恩宠陨落的故事。帕里斯（Paris）在伊达山（Mount Ida）选择了阿芙洛狄忒的礼物，雅典娜由此对特洛亚人产生了敌意。毕竟，用伊俄拉俄斯引作本章题词的话说，雅典娜是"不会容忍失败"的女神。如此，开启了特洛亚神话最为沉痛的主题：特洛亚人没有意识到，他们已经永远失去了雅典娜的庇护。例如，在《伊利亚特》第6卷中，当狄奥墨德斯驰骋战场时，这位妇人祈求不受其害：

走进那宏伟的房子，她[赫卡柏]（Hekabe）召唤她的侍女们，她们集合了全城出身名门的女性；而她下至芬芳的储藏密室。

那里放着精心制作的长袍，西顿（Sidonian）女人的作品，她们由神样的帕里斯亲自从西顿的土地上带回家，跨越了宽广的大海，在那次旅行中他还带回了出身辉煌的海伦。赫卡柏取出最大、设计最为优美、闪耀如星的一件，将其作为礼物献给雅典娜。这件存放在其他的下面。她启程了，一大群高贵的夫人在她身旁疾走。当她们到达雅典娜位于堡垒顶部的神庙时，有着美丽面颊的忒阿诺（Theano）为她们打开了门……她被特洛亚人立为雅典娜的女祭司。伴随着一声哀号，所有人向雅典娜举起她们的手，有着美丽脸颊的忒阿诺拿起长袍，将它放在秀发的雅典娜膝上，并向伟大宙斯的女儿祈求："哦，女神雅典娜，我们城邦的守卫者，众女神中闪闪发光者，折断狄奥墨德斯的矛吧，并应允他被脸朝下摔在斯卡亚门（Skaian gates）前；所以让我们立刻在您的神殿中献上 12 只小母牛，一周岁，完整无瑕，只要您能怜悯特洛亚城，还有特洛亚的妻子们，以及她们无辜的孩子。"

（286—310, Lattimore translation, very slightly adapted）

对雅典娜拒绝祈祷的叙述只用了一行诗：

她这样念着祷文，而帕拉斯·雅典娜别过了头。

（311）

希腊宗教的实践，通常涉及建立崇拜者与神之间的联结，前者举行适当的仪式，通过祈祷和供奉可以获得神的恩典。雅典娜可以说是拒绝"玩这一套"，她没有赐予她的恩典，而是别过了头。当她偏爱的人需要她的帮助时，她是"亲近女神"，她的介入帮助他们获得成功，但她也同样会拒绝请求，甚至如此处所见，拒绝一个在合适的仪式地点由指定的女祭司领导的祈愿。"亲近女神"在某些语境中也是一位不可和解的神，《荷马颂诗》中"有着不可动摇的心"（28.2）证实了她的这一特征描述。

前文中我们看到，雅典娜帮助她的朋友们。她也伤害她的敌人。她作为一位神而行动的这一特点，在《伊利亚特》第22卷叙述的阿喀琉斯与赫克托耳（Hektor）之间的决斗中表现得非常明显，这场决斗以阿喀琉斯这位特洛亚英雄的死亡告终。当决斗陷入胶着，赫克托耳绕着城墙奔跑，阿喀琉斯在后追击却无法击中，这时雅典娜伪装成他的弟弟得伊福玻斯（Deiphobos）出现在赫克托耳面前，说服他在他弟弟的帮助下坚守阵地。决斗重新开始，而赫克托耳发现自己孤身一人，并为雅典娜所欺骗：

> 他提高嗓门，大声呼唤持白色盾牌的得伊福玻斯，向他索要一支长矛，但得伊福玻斯不在他身边。于是赫克托耳内心深

处明白了真相，他大声说："无济于事了。诸神最终将我召唤到死亡面前。我以为得伊福玻斯作为英雄来到了我身边，而他躲在城墙后，这是雅典娜在欺骗我，而如今不祥的死亡已近在咫尺。"

(293—300, Lattimore translation, very slightly adapted)

这一事件展现了人们对这位女神的看法：为了达到她的目的，她能做到什么地步。在这一案例中，她要做的不仅仅是帮助一位她宠爱的人。为了策划他的成功，她还欺骗了他的敌人。英雄的战斗常常表现为令人不快的；为了匹配这一点，雅典娜也被指派了一个令人不快的任务。

尽管《伊利亚特》没有叙述特洛伊的陷落，但这座城邦最终的命运是这部史诗潜藏的主题。从某种意义上讲，雅典娜在打破赫克托耳与阿喀琉斯胶着战局中发挥的作用，指向她对另一个似乎不可能问题的解决：如何攻下这座城。经过十年用军事武力攻破城墙的尝试，希腊人终于通过一种狡猾的行径进入了城邦。让特洛亚人相信他们放弃了这场战争并扬帆返乡后，他们送给特洛亚人这匹巨大的木马，一份看似献给伪装成"那宙斯所生的特洛亚女孩"的雅典娜（Euripides, *Trojan Women* 526）的礼物，但它实际上是在雅典娜的指导下制作的。

多亏了雅典娜的计谋,希腊人才得以攻进城内。正是在他们洗劫这座城时犯下这种罪行,注定让他们如先前的特洛亚人那般失去了雅典娜的庇护。特洛亚公主卡珊德拉(Kassandra)在雅典娜神像处寻求庇护,却被厄琉斯(Oileus)之子埃阿斯从那里拖走。雅典娜的愤怒并不是出于这一行径本身,而是由于希腊人未能惩罚违法者。当阿伽门农作出最终的尝试,"进行神圣的百牲祭,以平息雅典娜致命的愤怒"(Homer, *Odyssey* 3.114—115, Lattimore translation slightly adapted),他被叙述者贴上一个"可怜的傻子"的标签,因为他没有认识到"她对他充耳不闻"(145—146)。她的保护为憎恨所取代,他不比《伊利亚特》第6卷中的特洛亚女人们更有机会成功与其和解。她不仅拒绝给予其保护,还积极介入以引起卡菲莱厄斯海角(Cape Kaphereos)的风暴,摧毁了大部分舰队(e.g. Alkaios fr. 298)。

神话中的女性:助男损女

作为英雄的帮助者,雅典娜几乎以某种"大姐姐"的形象行事,关注着她偏爱的人,并无私地支持他们。而我们现在将要探讨的,则是神话中的女人,一旦与雅典娜接触,就往往会遭遇不幸。以其织艺闻名的纺织工阿拉克涅,因向这位女神挑战竞赛而被变为一只蜘蛛（第三章）。另一位技艺娴熟的女性名叫穆尔美克斯（Murmix），当她试图将雅典娜的发明之一"犁"据为己功时，她被变成了一只蚂蚁（Servius, *On Virgil's Aeneid* 4.402）。另一位年轻女性美杜莎在雅典娜手中遭受了最为丑陋的变形。据这则故事的其中一个版本讲述，她原本是一位美丽的年轻女子，因与波塞冬在雅典娜的神庙中发生了关系，雅典娜就将她变成了丑陋的代名词（Ovid, *Metamorphoses* 4.794—803; 6.119—120）。

雅典娜儿时的伙伴是一位名叫帕拉斯的女孩，她甚至死在了雅典娜手中。雅典娜诞生后，根据阿波罗多洛斯（3.12.3）所言，宙斯把她交由河神特里同照管，他将她与自己的女儿一同养大。有一天，两位女孩正在训练兵法时，不幸发生了。当帕拉斯将要攻击雅典娜时，正在观察女孩们玩耍的宙斯在两人间放下神盾。当帕拉斯震惊于这一异象时，雅典娜不慎对她发出致命一击。这个故事表明，与雅典娜有接触的女性少有时运亨通的。雅典娜是一位强大的女性，但她在神话中并不是一位保护女性的女神。

尽管一些女性确实从雅典娜的帮助中获益，却只是作为雅典娜对她们生命中那些男性之庇护的"爱屋及乌"。例如奥德修斯的妻子佩涅洛佩，当她试图躲避求婚者时，得到了女神的帮助。但更多时候，英雄神话中的女性因雅典娜以英雄们的名义介入而受伤害。例如，特罗曾（Troizenian）公主埃特拉（Aithra），是这位女神欺骗能力的受害者。雅典娜出现在她的一个梦里，告诉她前往斯淮里亚（Sphairia）岛举行奠酒仪式。正是在那里，埃特拉被波塞冬强暴，并怀上了忒修斯（Theseus）（Pausanias 2.33.1）。

雅典娜在男权世界中如鱼得水。尽管她是个年轻的处女，但她与一系列英雄都建立了亲密联结，当她与女性接触时，结果往往对相关女性不利。这进一步印证了我们对雅典娜作为"撒切尔夫人"形象特征的描述：作为一位强大女性，她支持着她的男性受保护人，却没有成为过女性之友。她与神话中的女性来往，给她们带来痛苦或死亡，而这些女性在许多方面都与她相似，工匠、处女以及在一个例子中的年轻战士。在"真实世界"中，雅典娜是纺织业的保护神。在她的神话角色中，她不是一位保护女性的女神。

小结

雅典娜是一位英雄所能获得的最佳朋友。她为一系列英雄作出的干预，帮助他们在各种事业中获得成功。每次她提供的帮助，都能完美契合相关英雄及其所处特定情形。有时她提供一样有用的礼物，例如，用各种取戈尔贡首级所需的工具来装备佩耳修斯。英雄们仍需努力以达到他们的目标。她没有限制他们的英雄行为（埃阿斯的误解），而是为他们的成就提供了一个神性维度，同时激励他们，使他们意识到自己作为英雄的潜能。

一位英雄有雅典娜在身边，便能所向披靡。相反，与雅典娜为敌，某一个体或群体便无法成功。她既是一位专注的斗士，也是一个不肯原谅又不可和解的敌人。一旦为特洛亚人侮辱，她便与他们为敌，运用她的力量提升希腊人，削弱特洛亚人。而雅典娜的庇护并非理所应当，她对小埃阿斯在洗劫特洛亚时亵渎其圣殿的反应，也可以证明这一点。

雅典娜对英雄生命的干预，体现了她愿意来到凡人身边，在他们的事业中帮助他们。她是一位在奥林波斯和凡间都安适自在的女神。后续章节将研究她"亲近"（nearness）的另一方面，即她作为城邦保护神的一面。

五、雅典娜在雅典：保护者、象征与"母亲"

对雅典娜而言，城邦和所有土地都同样神圣，因为，即使那些住在城镇、对其他神祇崇拜已久的人，也仍崇敬雅典娜。

——鲍萨尼阿斯（Pausanias,

1.26.6, Loeb translation slightly adapted）

引子

雅典娜最为著名的特点之一是她与雅典的联系。她的圣殿位于卫城顶部北侧，是这座城邦主要崇拜的发源地，她的神像是一块无定形的橄榄木，有人认为是从天上掉落的，还有人认为是由英雄厄里克托尼奥斯建立起来的，它是已知唯一一尊于公元前480年波斯人入侵前被带走以妥善保存的神像。雅典娜，用梭伦（Solon）的话说，是"心胸宽广的女神"（fragment 4, 见下文），她确保了这片国土及其人民和制度的福祉。城市的名字和女神的名字哪个先出现的问题,长久地困扰着学者们(Burkert 1985: 139),但由雅典娜-雅典的语缘关系产生的自豪度可以通过雅典硬币来证明,它们除了描绘着雅典娜戴着头盔的头像和她的两个地方特征——猫头鹰和橄榄枝——还包含铭文"ATE",这是女神和城邦名的前三个字母。

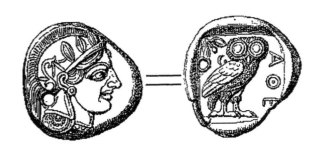

图7:雅典四德拉克马银币,约公元前490年;首发于《北欧家庭之书(1904—1926)》(Athenian tetradrachm, c. 490 bc; first published in *Nordisk familjebok, 1904—1926*)

雅典娜被赋予的特殊地位是需要解释的,尤其当我们考虑到这样一种事实:在特别强调雅典娜的同时,雅典人实际上崇拜着数百位神。事实上,这座城邦在古代以其众神的惊人规模闻名于世。举例而言,圣保罗(St Paul)就在其游历中发现,自己来到了一座"偶像泛滥"的城邦(Acts 17.16)。我们将探索雅典人既特别关注雅典娜、又将其置于他们的众神之中的方式。一方面，正如我们将看到的，他们奉她为多才多艺的女神，其特性与那些更常与其同伴神宙斯和阿芙洛狄忒相关联的特性相重叠。

本章的主要关注点将是雅典当时的环境，它们使得雅典娜在该城的宗教体系中处于主导地位。它们如何形成不是我们此处要关注的，我们将在后续章节中解决这一有争论的问题。本章将研究，在古风和古典时代，她的神性面貌是如何被理解的。我们将以一则关于她与宙斯关系的研究开始，宙斯是奥林波斯众神的主神，当然，也是她的父亲。然后我们将考察，雅典人是如何通过雅典娜与波塞冬对土地的争夺认为她已成为其保护女神的。最后，也最为详尽地，我们将考察她在厄里克托尼奥斯的故事中的作用，这也是雅典公民的基础神话。

本章单独讨论一些重要问题，同时也为后续两章将要探讨的问题提供拓展介绍，后面两章将主要采用时序法来研究雅典的雅典娜崇拜。我们的目标之一是通过思考究竟是什么让人们尊崇她，来说明为什么雅典娜是一个如此吸引人的形象。我们将特别考察她作为统一者的职能，她为雅典身份的表达提供了一个中心点。我们还将在本章中开始讨论她在雅典神话和崇拜中的性别身份问题。雅典作为一座典型的父权制城邦而闻名，其政治制度降女性于边缘地位，拒绝她们参与城邦管理的任何一环。雅典女性一向被视为是受压迫的，大多被限制在女性居住区，参与公共集会的机会有限。我们将尝试探索雅典娜女性特质的本质，试图复原关于女性化和女性在社会中地位的观念对认知和表现的影响。例如，雅典人有多淡化她的女性特质？他们在哪些方面认为这对她的神性至关重要？

雅典娜、宙斯与社会凝聚力

在希腊宗教运作的诸多层级中，奥林波斯诸神崇拜及地方宗教是最为重要的两个。为特定城邦所崇拜的诸神，在某种程度上是奥林波斯诸神形象的地方化版本。正是在地方宗教与泛希腊宗教的相互作用下，神的种种特性与职能才得以产生。在雅典，雅典娜是主神，有着超越其他任何地方守护神的中心地位。而在奥林波斯诸神等级中，她是宙斯的诸多晚辈之一，尽管她作为女儿和执行者，与宙斯有着特殊关系。这一部分将研究这一地方／泛希腊的分裂告诉我们的关于雅典娜和宙斯的地方观念。

宙斯在这座城邦的宗教生活中有着重要职能，其主要节日包括狄阿西亚节（Diasia）、狄波里埃亚节（Dipolieia）和奥林匹亚节（Olympieia）。然而，尽管他广受崇拜，却缺乏如希腊世界其他地区那样明显的中心地位（Dowden 2006: 65）。如道登（Dowden）认为的那样（2006: 77），如果庇西斯特拉图僭政（见图 11）持续到公元前 510 年以后，这种介于其泛希腊地位与地方地位间的不平衡可能已被消除。由这些僭主开启的工程之一便是宙斯·奥林匹奥斯（Zeus Olympios）的巨大庙宇，建于卫城东南方向的一个山脊上。然而，僭政倒台后，它成了一个烂尾工程，直到数世纪过后，才最终在哈德良（Hadrian）治下完成。有一座宏伟的庙宇来纪念他，宙斯崇拜可能会对雅典娜崇拜的中心地位构成挑战。然而事实上，雅典娜的优势地位仍不可撼动。

宙斯在整个希腊的主要职能之一是促进凝聚力与社会统一，以此他被设想为一个主持城邦和部族级别的一系列集会的形象。他的这一职能，借助他作为奥林匹亚之神的职能，有了一个泛希腊维度，即城邦的议员们每四年一会，**"希腊性"**（*to hellenikon*）的一个庆祝大会。在雅典，雅典娜崇拜似乎提供了一个统一的中心点，其他地方则处于宙斯的管辖之下。纪念她的主要节日是泛雅典娜节，它为整个族群提供了一个相聚在一起展现其团结的机会,向女神致敬,同时也表达他们自己作为一个集体的光荣(详见第六章)。

而与此同时,雅典人通过强调雅典娜与宙斯之间的神话关系,将雅典娜在当地的杰出地位与奥林波斯的宗教维度联系起来。她的诞生是在古风与古典城邦中最为流行、最广为呈现的神话之一。这是瓶画中的一个常见情景(如见图1和图2),也是帕特农神庙东侧山墙上的主题(第七章)。在泛雅典娜节上庆颂雅典娜时,雅典人实际上也在向宙斯致敬,因为,节日的主日,祭月二十八日(Hekatombaion 28),是她的诞辰。该节日还庆颂另一则联结雅典娜与宙斯的神话:巨人之战(gigantomachy)。献给雅典娜橄榄木神像的长袍上展现的正是这一神话。这件长袍是雅典人每年送给雅典娜的最神圣的物件,用以赞美她如何与她的父亲并肩作战,支持他的统治。

在庆颂雅典娜的过程中,雅典人一再提起她与宙斯的关系。这在雅典作家、诗人/政治家梭伦首次提及这位女神的作品中,或许得到了进一步证明。梭伦概述了他在公元前6世纪早期作为改革者所面临的形势,当时内乱使雅典来到危急关头。而当公民间的冲突造成苦难之时,他写道,为保护城邦免于不友好神灵的介入,雅典娜愿意为她的人民调停:

我们的城邦永不会为宙斯的判决所摧毁，也不会为不朽众神的愿望所摧毁，因为这样的她，我们心胸宽广的女神，强大的保护者 [obrimopatrē]，她庇护着我们，帕拉斯·雅典娜，她伸出她的双手荫庇我们。

(fr. 4.1—4)

我们在第四章中见到的与雅典娜有关的观点之一是，有女神的支持，便会胜券在握，这一观点在本首诗中被赋予了一种地方性转变。这一观点还间接提及这位女神的另一特点，即出于宙斯女儿的特权地位，她作为一位神的效力产生了一个等级秩序（参见 Herington 1963: 63）：

雅典娜在地方众神中的杰出得到强调。她在宙斯的总体权威之下的地位也是如此。

雅典娜与宙斯的关系体现在双重层面。作为奥林波斯的主神，宙斯是希腊众神中的最高神。与此同时，雅典娜是雅典最杰出的神，而宙斯女儿的身份更是增强了她作为守护神的资质。

在其他方面同样如此，雅典娜和宙斯在雅典崇拜中相关联。卫城对雅典娜·波利阿斯而言最为神圣，同时也是宙斯·波利乌斯（Zeus Polieus）的家园，他的圣殿位于帕特农神庙东北部。阿提卡的神圣橄榄树（moriai）是起初那棵受到雅典娜庇护之树的后代（见本章后文），它们是宙斯·墨利俄斯（Zeus Morios）和雅典娜·墨利亚（Athena Moria）双方的圣物。两位神也一同被引为这座城邦的创建者：宙斯·雅克革提斯（Zeus Archegetis）与雅典娜·雅克革忒斯（Athena Archegetes）。宙斯的另一个节日狄索特里亚节（Diisoteria），有纪念宙斯·索特尔（Zeus Soter，"救世主"）和雅典娜·索特里亚（Athena Soteria）的游行环节。两位神以各种专门形象掌管着一系列市政机构。例如五百人会议（the Boule/Council）是宙斯·玻莱俄斯（Zeus Boulaios）和雅典娜·玻莱亚（Athena Boulaia）的神圣机构，而作为氏族的保护神，他们被称为宙斯·普拉特利俄斯

(Zeus Phratrios)和雅典娜·普拉特里亚（Athena Phratria）。

宙斯和雅典娜是崇拜伙伴，他们的神力可在各种语境中一同施展。这再次告诉我们，雅典娜在当地的杰出地位并未妨碍对其他神祇的崇拜。有了这一认识，我们将移步至雅典娜如何变为雅典保护神的神话。这将使我们能够处理雅典娜与另一位希腊神祇波塞冬的关系，以此，雅典娜被呈现为一位在地方众神之中的佼佼者，而她的伙伴神的力量也得到恰如其分的确认。

波塞冬与属地之争

各不相同的希腊民族视雅典娜为其城邦或地区的原住民，都声称与她有着某种特殊关系。例如，就像波奥提亚人（Boiotians）似乎一直所认为的那样，她出生在一条叫作特里同的"小溪"畔（Pausanias 9.33.7），它流过阿拉尔克墨涅昂（Alalkomeneion），这是雅典娜在这一地区的主要圣殿之一。同时，在阿卡狄亚，她的出生地据说是宙斯·莱克希亚托斯（Zeus Lecheatos，"临盆的"）在阿利佩拉（Aliphera）的圣殿（Pausanias 8.26.6）。尽管雅典人是声称与这位女神有着尤为亲密联系的民族，他们却并不将她视为原住民。恰恰相反，他们认为她出生在利比亚的特里同河畔，如埃斯库罗斯在《欧墨尼得斯》中描述的那样

(293),这是她"**出生的河流**"(*genethlios poros*)。

雅典娜与这座城邦的联系是通过另一种方式构建的,即她与波塞冬的竞争:

凯克洛普斯,一位原住民,有着人蛇混合的身体,是阿提卡的第一位王,这片土地以前叫作阿克忒(Akte),他以自己的名字将其命名为凯克洛匹亚(Kekropia)。人们说,在他统治期间,诸神决定占领一些城邦,在这些城邦中每位神都应拥有其专属的崇拜。就这样,波塞冬是第一位来到阿提卡的神,他将他的三叉戟投在卫城中央,产生了一片海,如今人们叫它厄瑞克忒斯(Erechtheis)。雅典娜在他之后来到这里,她在凯克洛普斯的见证下掌权,并种下一颗橄榄树,这棵树至今仍在潘朵席翁圣所(Pandroseion)可见。而当两位神为这片地区的控制权相争时,宙斯分开了他们,并任命了仲裁员,这些仲裁员不是某些人断言的凯克洛普斯和克拉纳俄斯(Kranaos),也不是厄律西克同(Erysichthon),而是十二位神。而根据他们的裁决,这片地区判给雅典娜,因为凯克洛普斯做证,她是第一个种下橄榄树的神。因此,雅典娜将这座城邦以她自己的名字命名为雅典,而波塞冬在盛怒之下淹没了忒里亚西亚平原(Thriasian plain),并将阿提卡沉入海里。

(3.14.1, Loeb translation, adapted)

我们在本书前文中（第三章）研究雅典娜与波塞冬的对立，是建立在雅典特有的地方环境之上的，正如他们争夺霸权时，橄榄赠予者雅典娜与原始力量波塞冬形成对比，后者在卫城山顶造了一片"海"。雅典娜是带来文明的神，她创造了这座城邦的主要作物。获胜后，她开展了进一步教化行动：赋名。相比之下，波塞冬不负他作为原始海洋力量的本性，在其"盛怒"中发了一通洪水。这则神话替雅典人阐述了为何波塞冬被视为一位强大又有着潜在危险的神祇，也说明了为何雅典娜更适合这一保护神的角色，她作为赠礼者，对这座新兴城邦更有益。

雅典娜的"孩子们"：厄里克托尼奥斯出生的故事

地方神话既解决了雅典娜作为守护神出现的由来，也解释了她是如何参与进公民群体起源的神话中来的。与之相关的这个故事将她与另一位主要的地方神祇赫菲斯托斯联系在一起，她与赫菲斯托斯共同创造了一个奇迹般的孩子厄里克托尼奥斯——有时他也叫作厄瑞克透斯（Erechtheus）（见第六章）。他是雅典公民的祖先，一位英雄，既是"大地之最"（Very-of-the-Earth, Eri-chthonios，一种不同于 Erion-chthonios 的对他名字的另一种理解［见53页上半部分］），也是这座城邦两位主神的后代。

如我们在前文中所见（第三章），雅典娜去找赫菲斯托斯，因为她想让他为自己制作武器。然而，赫菲斯托斯被阿芙洛狄忒拒绝后，他对雅典娜产生了性欲并开始向她求欢。正如我们对一位处女战士的期望那样，雅典娜拒绝了他的求爱，尽管她没能坚守阵地，而是逃跑了。尽管他是跛脚的——先前在第三章中引用的阿波罗多洛斯的叙述中强调了这一点——他还是设法追上了她。随后他试图强暴她，但她击退了他，尽管这是希腊神话中最不同寻常的拟人论案例之一，他还是成功地在她的腿上射了精。根据阿波罗多洛斯的说法，雅典娜"在厌恶中"用一片羊毛擦去精液并将其掷在地上。当它碰到地面时，厄里克托尼奥斯诞生了。阿波罗多洛斯如下继续叙述这个故事，便利地总结了其他解释：

雅典娜瞒着其他神将他养大，因为她想使他不朽，她将他放进一个箱子里，把他托付给凯克洛普斯的女儿潘德洛索斯（Pandrosos），并禁止她打开它。而潘德洛索斯的姐妹们出于她们的好奇心打开了箱子，看到一条蛇盘绕着婴儿。如一些人所言，她们为蛇所杀，而另一种说法是，雅典娜的愤怒逼疯了她们，她们从卫城上跳了下去。厄里克托尼奥斯由雅典娜在圣洁的地方亲自养大。

（3.14.6）

在这一部分,我们将考察这则神话中关于雅典娜的各种观点:她是如何性别化的,以及她作为潜在的永生提供者的作用。然后,我们将探索这则神话的成因层面,包括这则神话如何解释雅典娜与赫菲斯托斯的关系,以及与地方众神中的其他神祇的关系。我们将以考察这则神话潜在的作用作结——它是阿瑞波里亚(Arrhephoria)的一个成因,这是该城邦举行的最有趣的地方仪式之一。

性别化的雅典娜

这则神话或许是关于任何希腊主神最具创造性的地方性描述,主要原因是提及了与雅典娜相关的神话中的女性形象范围。她以其特有的处女战士的形象出现,渴望用武器装备自己,也渴望不惜一切代价保持她的童贞。雅典娜与一类频繁出现在希腊神话中的年轻女性也有一些有趣的相似性,这类女性即为处女(parthenos,"适婚的年轻女性"),她们沦为某一位男神性趣的猎物,想逃离他却又被抓住,失去童身并受孕(Deacy 1997a)。已变得司空见惯的做法是,把雅典娜设想成某种雌雄同体或无性别形象(如 Just 1989: 278—279),"这有些无趣",一位学者同事曾这样向我描述她。这个故事向我们呈现了雅典娜的一个相当不同的形象。她被构建为一个适婚的、具有性吸引力的女性,某种程度上与神话中其他吸引男神注意的年轻女性类似,遭受性侵犯并生育孩子。

这还不是全部。这个故事不仅运用了神灵强暴的神话,还以某种与爱欲女神阿芙洛狄忒相呼应的方式描绘雅典娜,前者是赫菲斯托斯在奥林波斯诸神中的"正"妻,她更多时候与处女雅典娜形成对比。在阿波罗多洛斯的描述中,如我们所见,赫菲斯托斯被阿芙洛狄忒拒绝后试图与雅典娜发生关系。实际上,厄里克托尼奥斯变成了雅典娜的"孩子",因为这两位女神暂时互换了角色:阿芙洛狄忒拒绝性行为,而雅典娜变得有性吸引力了。雅典娜被赋予了通常而言与她不相容的特性,那些特性属于一位适婚、迷人的女性,这刚好足以使她孕育厄里克托尼奥斯。

这样一来,一件不可能的事发生了:这是童贞女生子(Virgin Birth)的一种希腊前身。视觉描述展现了盖娅从土地中浮现,将孩子递给雅典娜的情景。雅典娜伸手接孩子;孩子反过来也向她伸出手。这是一个感人、温馨的场景,甚至令人想起瓶画中仆人把孩子交给母亲的情形。在一些图画中,例如图8:

图 8：雅典娜从盖娅手中接过厄里克托尼奥斯，阿提卡红陶杯（Athena receives Erichthonios from Ge, Attic red-figure cup, Berlin, Antikenmuseum 2537; redrawn by S.J. Deacy）

这是一只红陶碗，出自公元前 440 年前后的科德洛斯（Kodros）画家之手——雅典娜佩着神盾，但是放在身后，使她既能够接到孩子，也确保它不会吓到他。

这则神话中对雅典娜的描绘，与力量来源于其武器的女战士形象相去甚远。在这可谓最惊人的背离惯常描述的情形中，雅典娜向下凝视着，这与她通常有着缴械和炫目威力的犀利目光大相径庭。我们反而看到了一个更为"像样"的女人形象：

一种腼腆甚至娴静的凝望,这更适合"雌鹿般眼睛的"(doe-eyed/*bo-opis*)赫拉。

死亡与永生

如阿波罗多洛斯的叙述,厄里克托尼奥斯一出生,雅典娜就想要给这个孩子一位神能够赠予其宠爱之人的最好礼物:永生。她把他放进一只箱子里,将其委托给凯克洛普斯的女儿们——潘德洛索斯和两个被阿波罗多洛斯称为阿格劳洛斯(Aglauros)和赫尔塞(Herse)的女孩。按照套路,神话角色们被告知不能窥探箱子,而好奇心战胜了两位女孩。正如欧里庇得斯的《伊翁》(Ion)剧中两个角色的对话:

> 伊翁:我听说,年轻姑娘们打开了女神的箱子。
> 克瑞乌萨:所以她们死了,鲜血染红了卫城的岩石。
>
> (273—274)

一旦被打断,永生化的进程就被破坏了。至于为什么会出现这种情况还不清楚,然而,在另一个失败的永生化尝试中,情况与之类似。正如《荷马颂诗:致德墨忒耳》(*Homeric*

Hymn to Demeter)（235ff.）所述，德墨忒耳伪装成一位老妇人，正逐步使厄琉西斯的（Eleusinian）孩子得摩福翁（Demophoōn）永生，在这个例子中，方法是，在夜里，当她与孩子单独在一起时，把他放进火中。有一晚，另一个人——孩子的母亲墨塔涅拉（Metaneira）看到了正在发生的事情，这一进程于是被破坏了。

雅典娜（类似《颂诗》里的德墨忒耳）暴怒了。阿波罗多洛斯以外的其他文献出处叙述道，当她被乌鸦告知所发生的事情时，她碰巧正扛着一块巨石去加固卫城。在愤怒中，她扔下石块，因此形成了显眼却毫无战略用途的吕卡贝托斯山（Mount

图9：雅典卫城山顶，厄里克提翁神庙在左，帕特农神庙在右。吕卡贝托斯山在远处可见，在厄里克提翁神庙的右边。图源：丹奇（The Akropolis summit, with the Erechtheion to the left and the Parthenon to the right. Mount Lykabettos is visible in the distance, to the right of the Erechtheion; photo: Daniel Dench）

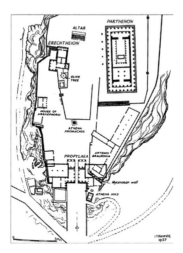

图10：雅典卫城平面图，约公元前400年（Plan of the Akropolis c. 400 bc; after J. Travlos）

Lykabettos）。至于乌鸦，它被禁止进入卫城。她并未在厄里克托尼奥斯身上泄愤，这让我们得以将这个故事与另一则关于被打断的永生进程的描述作对比，即提丢斯的故事，他自己的所作所为（第四章）让雅典娜收回了礼物。此处相反，雅典娜关心这个孩子，在她的圣所将他养大。雅典娜变成了这位英雄的抚育者，与他有着母性维度的亲密，即使她在生物学上并不是他的母亲。这位女神被梭伦想象为一个"伸出她的双手"荫蔽人民的神，在神话叙事中，从她养育祖先英雄的时候开始，她就和人民有了这种关系。

神话与崇拜

雅典卫城遍布崇拜场所,尤其是山顶的北侧和山坡上。这则神话的诸多作用之一是建立雅典娜崇拜与其他祭品和牺牲之间的关系。这个孩子正是在卫城上被放进箱子中。也正是在这些岩石上,女孩们将自己掷向死亡。使他不朽的计划受挫后,厄里克托尼奥斯在神圣的场所长大——想来大概是雅典娜·波利阿斯的神庙。这则神话也涉及雅典娜崇拜的演变,据说,厄里克托尼奥斯是她雕像的建造者,也是泛雅典娜节的设立者。至于神话中的其他人物,他们也与雅典崇拜有联系。赫菲斯托斯的祭坛是山顶北侧圣物群落之一。潘德洛索斯,顺从的女儿,被敬奉在山顶北侧的一片区域中,而阿格劳洛斯在一个山坡上有座圣殿,与她跳崖而死的身世相称。阿芙洛狄忒则在山坡上有许多圣所(Rosenzweig 2004: esp. chs 2, 3, 6),她是仅次于雅典娜与卫城有着最强大联系的女神。

当我们简略一览众多雕像之一,即菲迪亚斯所作的雅典娜·帕特农(图15)时,这则神话还有着更深层次的含义,我们将用两个章节的篇幅详细考察这座雕像,它展现了雅典娜的一个属性:蛇。这大概是卫城的守护蛇,一种人们认为居住在山顶北侧裂缝中的生物。它与卫城福祉和与这位女神的联系,都出现在希罗多德（Herodotos）的一个故事里，据说在公元前480年波斯入侵前夕，它没有吃每月提供给它的蜜糕，而据希罗多德所言，这一现象被视为雅典娜本身已经抛弃这座城邦的征兆（8.41）。

是否这条蛇与厄里克托尼奥斯相关？在阿波罗多洛斯的叙述中，女孩们看到他身上盘着一条蛇，这或许标志着，当箱子被打开时，他正处在永生化的半途。这一点无法确定；然而，蛇是与永生相关的符号，因为它们会蜕皮。蛇与永生之间的联系或许解释了，为什么在其他文献出处中，厄里克托尼奥斯在外形上被想象为半人半蛇甚至全然蛇形（Powell 1906）。在描述雅典娜·帕特农的雕像时，鲍萨尼阿斯明确地视蛇为厄里克托尼奥斯（1.24.5）。如果是这样，这则神话就不仅仅是关于厄里克托尼奥斯作为被雅典娜养育的祖先。它也涉及厄里克托尼奥斯作为守护蛇，由指定的宗教人员定期供应食物。

在最令人感兴趣的仪式中，我们拥有的证据是阿瑞波里亚节，一场由两位年轻女孩在仲夏进行的神秘夜间之旅，自卫城行至山下某个地点，这个节日或许与阿芙洛狄忒有关。这两个女孩即阿瑞波罗伊（Arrhephoroi），或称"圣物运送者"，她们一整年都住在卫城参与崇拜活动。根据鲍萨尼阿斯的叙述，她们这一年以如下方式结束：

89　　两位年轻姑娘居住在帕拉斯神殿的不远处，雅典人把她们叫作阿瑞波罗伊。她们寄住在女神身边一段时间，而当节日来临，她们在晚上举行以下仪式。她们头顶雅典娜的女祭司要她们运送的物品，尽管是什么物品她不知道，她们也不知道，女孩们向下穿越相邻区域的天然地下通道，这些区域在城邦范围内，与花园中的阿芙洛狄忒（Aphrodite in the Gardens）相关。她们在山下留下运来的东西，并拿到一些东西掩盖着带回山上。雅典人随后遣散这两个女孩，并把其他人带到卫城接替她们。

（1.27.3）

采信证据时面临的一个问题是，鲍萨尼阿斯的描述在多大程度上可信，因为他的描述中包括一些模糊的细节，同时还有很多未解释的地方。例如，篮子里有些什么？如果女祭司不知道里面是什么，那么谁知道？女孩们的目的地是哪里：是阿芙洛狄忒的圣殿，还是她圣殿附近的一些地点？人们对这则描述的反应不一，有人认为鲍萨尼阿斯故意含糊其词，以保护仪式的秘密，也有人认为，可能他自己并不清楚事情的经过。

鲍萨尼阿斯的描述成为一项大体量工作的起始点（见后文"拓展阅读"），这项工作主要聚焦于该仪式与厄里克托尼奥斯故事之间的相似之处。二者都牵涉两个女孩从卫城山顶上下来，箱子里装着秘密；两者也都将雅典娜与阿芙洛狄忒联系在一起。其中有着许多不能完美对应的细节,不过这无伤大雅。在神话和仪式之间存在联系的方面,寻求完全的相似性是误入歧途;恰恰相反,我们应当思考的是,每一个联系是如何反映类似的公共问题的。如此一来,神话和崇拜或许提供了一种相辅相成的方式,来与雅典娜被性征化的概念相通。她——为了成为祖先英雄的母亲——与她的卫城中的伙伴女神阿芙洛狄忒产生联系。这个仪式似乎呈现了雅典娜与卫城之间更深远的联系,从山顶延伸至山坡上阿芙洛狄忒的居所。

小结

关于雅典娜,我们一直在探索的神话和崇拜告诉了我们什么?当她为了成为保护神而与波塞冬斗争时与这座城邦建立的联系,在她参与孕育、生育和养育厄里克托尼奥斯时,便延伸到了公民群体中。这些神话解释了雅典娜与卫城的紧密联系,她愿意为了庇护此地而与波塞冬争夺,并且后来在此抚养了一个孩子。卫城是个布满众多崇拜和宗教文物的地方,但雅典娜以一个统一体的形象,将它们中的许多联系起来,包括山上的各种现象,例如,橄榄树、盐泉、赫菲斯托斯的圣坛和潘德洛索斯的辖区,以及山坡上阿格劳洛斯和阿芙洛狄忒的圣殿。这些联系使我们能够与本章伊始陈述的与雅典宗教有关的二元性相通，它同时崇拜许多存在者，并格外抬高雅典娜。这并不矛盾：作为一位神，她的崇拜与其他存在者并非竞争关系，而是作为某种共通点，借由她建立起与地方众神中特定神和英雄的联系。

远非单独行动，雅典娜与一系列存在者都有联系，尤其是与她的伙伴神宙斯、德墨忒耳、波塞冬、赫菲斯托斯和阿芙洛狄忒，以及许多地方男性英雄和女性英雄，包括厄里克托尼奥斯和厄瑞克透斯，凯克洛普斯家族（the Kekropids）和普拉克西提亚（Praxithea）。在雅典这样接近于一种单一主神教的体系中，一位神受着至高无上的崇敬，而她也通过与其他存在者的联系而融入多神系统中。我们将在第六章和第七章中，从另一个角度，即时序角度，转而思考雅典人对雅典娜的崇拜，来追踪女神—城邦的关系在城邦历史上的特定节点是如何被表达的。

地方神话既将雅典娜呈现为一位处女战士，也多面地呈现为一个脆弱的年轻女性和一位母亲，她的某些特征更常与其卫城伙伴女神阿芙洛狄忒联系在一起。我们的考察使我们能够开始评估女性特质视角对雅典娜在雅典的表现形式的巨大影响。她身上的女性气质是不可低估的——人们引用了种种女性模型来将她塑造成一位女神。厄里克托尼奥斯神话在性别层面以其一系列形象呈现了雅典娜的某种"油滑"，每个形象都适应这一神话的特定阶段。

六、早期雅典的历史

"女神雅典娜就是雅典本身——亦即公民们真实又具体的精神。"

——黑格尔（Hegel, 1956: 252）

引子

在前章中，我们着眼于那些尤其使雅典娜作为一位雅典神而闻名的特性。她与集体性和公民认同相关联，亦被设想为致力于庇护城邦。在她与祖先英雄厄里克托尼奥斯的联系中，几乎对这种保护传达了一种母性维度。随着我们主要的叙述方式从主题转至时序，本章将进一步考察这些特性。我们将从关于最早证据的棘手问题开始，来探究她的卫城崇拜是否可以追溯至青铜时代。由此，我们将探讨，这位女神作为城镇中心的保护女神，其职能如何在黑暗时代或公元前8世纪延伸到整个阿提卡。随着我们转向公元前 6 世纪和公元前 5 世纪早期，我们将拥有更为坚实的根据，届时我们就可以开始更自信地追踪关于她的崇拜和理解。我们将在其崇拜的发展进程中考察城邦的作用，同时特别关注僭主庇西斯特拉图，及其对雅典娜崇拜和形象的促进。

时代	政治事件列举	文化和宗教事件列举
新石器时代（Middle Neolithic，约公元前 5000—前 4000 年）	雅典卫城最早出现聚居区	
迈锡尼文明时（Mycenaean Period，约公元前 1600—前 1065 年）	建在卫城上的宫殿（公元前 1259/1258 年）？阿提卡的统一	
黑暗时代到几何时（Dark Ages to Geometic period，约公元前 1100—前 700 年）	首个城邦的出现（约公元前 800—前 700 年）	第一座雅典娜·波利阿斯神庙（约公元前 750—前 700 年）？ 第二座雅典娜·波利阿斯神庙（约公元前 700—前 650 年）？
古风时代（Archaic period，约公元前 700—前 479 年）	居伦（Kylon）僭政未遂（公元前 632/631 年） 德拉古(Drakon)法典（公元前 621/620 年） 梭伦改革（公元前 594 年）	雅典娜·尼凯圣殿的建立（约公元前 575—前 550 年） 伟大的泛雅典娜节的设立（公元前 566/565 年）

图 11：年表：雅典历史

（续表）

时代	政治事件列举	文化和宗教事件列举
古风时代（Archaic period，约公元前 700—前 479 年）	庇西斯特拉图第一次僭政（公元前 61/560 年？） 庇西斯特拉图第二次僭政（公元前 557/556 年？） 庇西斯特拉图第三次僭政（公元前 546—前 527 年） 希庇亚斯（Hippias）僭政（公元前 527—前 10 年） 民主改革（公元前 508/507 年） 波斯第一次入侵希腊；马拉松战役（公元前 490 年） 波斯战争（公元前 480—前 479）；洗劫雅典（公元前 480 年）	雅典娜古神殿（Old Temple of Athena）（公元前 565—前 560 年） 庇西斯特拉图与佩伊（Phye）战车之旅 "老帕特农神庙"（Older Parthenon）始建（公元前 490—前 480 年）
古典时代（Classical period，公元前 479—前 323 年）	德洛同盟（Delian League）形成（公元前 478 年） 伯里克利（Perikles）在雅典政治中的统治地位（约公元前 460—前 429 年） 德洛同盟的国库迁往雅典（公元前 454 年）	雅典娜·普罗玛科斯雕像菲迪亚斯作（公元前 465/460—前 455/450 年） "哀伤的雅典娜"（Mourning Athena）（公元前 460—前 450 年）

(续表)

时代	政治事件列举	文化和宗教事件列举
古典时代（Classical period, 公元前479—前323年）	伯罗奔半岛战争（公元前431—前404年）	"雅典娜·莱姆尼亚"雕像（Athena Lemnia）菲迪亚斯作（约公元前450年） 卫城建造计划开始（公元前449年） 帕特农神庙（公元前447—前432年） 雅典娜·帕特农雕像落成 菲迪亚斯作（公元前438年） 厄瑞克提翁神庙（Erechtheion）始建（或开始设计）（约公元前435年） 雅典娜·尼凯神庙（约公元前425—前420年） 厄瑞克提翁神庙（公元前421—前405年） 雅典娜·尼凯神庙的护墙（公元前415—前400年） 厄瑞克提翁神庙落成（公元前406/405年）

"阿塔娜的女主人"与迈锡尼的宫殿

传统观点认为，雅典娜至少早在迈锡尼文明时期就在卫城为人们所崇拜，那时，人们在山顶上建起一座宫殿。人们一直认为，雅典娜在这一时期被尊为国王的保护神。在迈锡尼王国瓦解后的黑暗时代，雅典娜的保护力被认为已从国王转移到作为整体的人民身上，宫殿的所在地被重新选作她的圣殿。如埃伦伯格（Victor Ehrenberg）令人印象深刻的表述："神本身取代了王。"（引自 de Polignac 1995: 2, tr. Lloyd）这一切看起来都如一则假说般简明，而其依据却是一些不完整的，且相当有问题的证据。

在位于克里特岛克诺索斯（Knossos）的青铜时代的宫殿中，人们发现了可追溯至约公元前 1400 年、使用"线形文字B"的石碑，其中之一列举着数位神祇，其中一些神，很可能是后来的希腊人所崇拜的一些神的早期显态。这些神之一是阿-塔-娜-波-提-尼-亚（A-ta-na-po-ti-ni-ja），"阿塔（哈）娜（At(h)ana）地区强大的女神"。这块石碑被誉为青铜时代在雅典崇拜雅典娜的证据，尤其在后世文献中（例如 Hesiod, *Theogony* 966），雅典娜本身作为波特尼亚·雅典娜亚（Potnia

Athenaia)或波特尼的阿塔娜(Potni' Athana,"女主宰雅典娜"[Mistress Athena],或更确切地,"掌权的雅典娜"[Athena, she who Masters])出现。然而,我们得保持谨慎。石碑并未直白地称女神为雅典娜,而是叫作阿塔娜的地方的一位女神。我们甚至无法肯定,这个阿塔娜与雅典就是一回事。

其他早期卫城崇拜的可能证据出于荷马史诗,其中,两次提及雅典娜与雅典有关,一次在《伊利亚特》中,一次在《奥德修纪》中。在《伊利亚特》中,对雅典人有这样的描述:

> 厄瑞克透斯心胸开阔的人民,宙斯的女儿雅典娜关照他们,而赐予谷物的大地讨厌他们。雅典娜将他安置在雅典,在她自己的华丽神庙中,在那里,雅典人的儿子们随季节流转以公牛和羔羊供奉她[或他]。
>
> (2.546—551)

与此同时,《奥德修纪》这样讲道:

> 格劳考皮斯·雅典娜……来到马拉松和道路宽广的雅典,走进厄瑞克透斯富丽堂皇的居所。
>
> (7.77—80)

难题在于，荷马史诗作为早期希腊的历史和宗教证据，其有效性有待讨论。它们可能经由数世纪创作而成，有着不同时代留下的印记。站在历史角度理解它们的最好方式，是将其视为某种文学杂集，由一些迈锡尼过往时代和某些黑暗时代元素组成。不仅如此，一些来自公元前8世纪的元素似乎也出现在了史诗中，人们通常认为，史诗正是在这一时期写就的。除此之外，使问题更为复杂的是，某些元素存在的时间可能晚至公元前6世纪，当时在庇西斯特拉图僭政统治下，史诗可能已最终成形。

两则文段之间一个有趣的区别在于，《伊利亚特》描述雅典娜将厄瑞克透斯放在"她自己的华丽神庙中"，而在《奥德修纪》中情况相反，女神反而走进了厄瑞克透斯"富丽堂皇的居所"。人们推测，解答这一区别的一个办法，是将它们解读为雅典娜崇拜发展进程中两个突出阶段的证据。《奥德修斯》选段被认为保留了雅典娜在迈锡尼城邦中的职能，提到她进入了厄瑞克透斯的居所，这保留了她作为宫殿保护神的角色。与此同时，《伊利亚特》选段可以视为在史诗中保存着一种公元前8世纪的元素。

这是希腊世界的一个剧变时期。圣地概念正被逐步出现的圣殿重新定义，或许第一次是在公元前8世纪下半叶。这一由波利尼亚克（François de Polignac）于20世纪80年代（English tr. 1995）提出的模型受到学者们的批评，他们对此概念提出异议，认为圣殿是一个全新的概念（Sourvinou-Inwood 1993）。但无论如何，新事物在这个时期涌现，第一次有一种普遍的观念，认为应该设置专门的崇拜场所。雅典娜"华丽的神庙"会不会是公元前8世纪宗教革命的产物之一呢？如果是，雅典娜圣殿在卫城的建立，将构成希腊世界在这个时期神殿建造的更广泛模式的一部分。

但是我们要谨慎行事。有必要提出一个问题：这些文段是否事实上告诉了我们任何关于古风时代之前雅典娜在雅典的事情。有人提出，它们是庇西斯特拉图作的篡改，其目的是将雅典娜写进史诗，并且避免这座城邦在公元前6世纪的文化主导地位和它在史诗中的次要角色之间的脱节。在这一解释下，这些文段的另一个作用，或许是为僭政统治下被推崇的崇拜提供荷马时代的认证，以帮助僭政合法化。鉴于厄瑞克透斯/厄里克托尼奥斯对庇西斯特拉图可能的重要性，这一点特别值得铭记在心，对此我们将在下面探讨。

村镇联合

如果在时间上尚存争议，那么，当我们探讨雅典娜是如何不仅成为城镇中心的保护神,而且是整个阿提卡的保护神时,我们转向更为坚实的根据。在雅典早期历史的某个节点出现了一个事件,为雅典娜崇拜的变化提供了条件。这就是阿提卡的村镇联合或统一,这一事件据不同说法可追溯至青铜时代晚期以及公元前8世纪早期,见证了阿提卡的城镇在雅典的管控下变为一个单一的政治单位。在确保雅典成为新建立的"单一中心"(monocentric)城邦的主导政治力量的同时,村镇联合赋予雅典娜崇拜中心地位,这在希腊世界中不同寻常。她在卫城的圣殿成为这统一城邦的主要崇拜地,如此一来,她的庇护扩展到了整个阿提卡,尽管各群体继续拥有各具特色的节日和圣殿。这就形成了引作前章题词的鲍萨尼阿斯话语中描述的情形:城镇中心和领地都因此被认为是雅典娜的圣地。

鲍萨尼阿斯表述的是城邦宗教的特殊之处。大部分城邦,就其神圣地理(sacred geography)而言具有"两极性"(bipolar),即它们的主要圣殿倾向于建在距城镇中心较远的地方,而非建在卫城上。例如,最著名的非城镇圣殿,阿耳戈斯的赫拉神庙(Argive Heraion),坐落在阿耳戈斯平原边的一座小山丘上,距阿耳戈斯约八公里。这使它可发挥崇拜功用,却无法进行日常宗教活动。坐落在小山丘上,也会使它从远处可见。然而,就雅典的情况而言,我们面对的是一个在希腊世界中有着特殊知名度的主要崇拜，有着其他主要的城邦守护神所不具备的可接近性。因为村镇联合，我们很可能找到了这位女神和她的人民间的特殊联系的起源。

公元前 566 年的那些事：公元前 6 世纪

公元前 566 年发生了一件事，进一步转变了雅典娜崇拜和雅典人对他们自己作为一个宗教社会的看法。这就是伟大的泛雅典娜节的设立，这一革新通常被认为是出于庇西斯特拉图之手，几年后，他开启了自己三度作为雅典僭主的第一次僭政。由于缺乏公元前 566 年之前泛雅典节的证据，很难确定这一发展到底有多激进。当然，它本可以是一个小规模的活动，来纪念这位女神的诞辰——祭月二十八日，并为橄榄木雕像披上一件新的长袍。公元前 566 年以后，雅典人每四年集会一次，更大规模地纪念雅典娜，庆贺他们自己作为一个崇拜群体，集会活动在祭月持续数日。

希腊人喜欢聚集在一起，为他们的神举行大规模的庆祝活动。即使以这些标准来看，伟大的泛雅典娜节也是相当辉煌。它使城邦的居民们在盛大的游行中聚在一起，囊括人口的各个群体——男人，女人，孩子，外邦人，甚至获得自由的奴隶——

沿泛雅典娜大道（Panathenaic Way）蜿蜒着穿过城邦，爬上卫城的山坡。到达卫城山顶后，游行队伍来到雅典娜·波利阿斯的圣坛进行百牲祭（hekatomb，月名便是由此而来）：一场需要至少一百头牛的献祭。这也是一项体育和文化活动，为来自希腊世界各地的参赛者举办包括拳击、摔跤、战车比赛、赛船会和男性选美等比赛。也有为奥洛斯管和齐特拉琴（kithara）演奏者举行的比赛，以及荷马史诗背诵大赛。这一节日的设立展现了古风时代的雅典浮现出的自信，也证明了这位女神作为其守护神的吸引力。雅典/雅典娜拥有了一个能够跻身希腊世界已有的那些四年一度节庆的节日，一如奥林匹亚赛会和皮提亚竞技会（Pythian Games）。实际上，伟大的泛雅典娜节的设立将雅典娜·波利阿斯抬高至一个地位，使之堪与泛希腊主神如奥林波斯的宙斯和德尔斐的阿波罗比肩。

为何庇西斯特拉图——如果确实是他——引入了伟大的泛雅典娜节，这不得而知，但从对其统治的一则考察中我们得知，他似乎与雅典娜有着特殊关系。在书写其统治的主要文献的希罗多德笔下，庇西斯特拉图被描述为一位有能力欺骗和操纵雅典人的政治家。这一欺骗的才能体现在他大约在公元前560年首次成为僭主的手段上。根据希罗多德所述，他弄伤自己和骡子，来到市集寻求一位侍卫。有了这名侍卫，他占领了卫城，并宣布自己为僭主(1.59)。几年后,当他的敌人们联合起来驱逐他时,他与他的对手之一麦伽克勒斯(Megakles)结为盟友,并策划出一个更为大胆的计谋来夺回政权:

> 为了让他重掌大权,他们俩耍了一个在我看来是史上最愚蠢的把戏。希腊人从不是傻瓜;过去的数个世纪中,他们因其卓越的智慧而鹤立于其他城邦;而在所有希腊人中,雅典人是公认最聪明的;然而,却是雅典人为这个荒谬的诡计买了单。在派阿尼亚(Paiania)的村庄里,有一位叫作佩伊的健美女子,身长近六尺,他们为她穿上一身盔甲,让她骑在战车上。然后,他们让她摆出最为引人注目的姿势,而后驶向雅典,在那里,先他们一步的信使们已根据他们的指示对人民宣讲,并呼吁他们欢迎庇西斯特拉图归来,因为,女神雅典娜本身已赐予他非凡的荣誉,正将他带回她自己的卫城。他们将这鬼话传遍全城,谣言很快也传至偏远的乡村。公民们相信这个女子就是女神本身,他们崇拜她,并欢迎庇西斯特拉图回来。

(1.60, Penguin translation by de Selincourt, adapted)

100 对这一事件的解读极易受希罗多德看法引导,他对雅典人为庇西斯特拉图"荒谬的诡计"所骗深表质疑。如他所指出的那样,他们在希腊人中以其理性过人。但是,如果我们分析呈现在这一行为中的种种宗教和神话信息,我们可能会明白,为什么庇西特拉图能那么做,人们的反应又为何如此积极。从一开始就应当指出,希罗多德的描述仅仅是一种片面的表达。无论雅典人被认为多么有理性,他们也因对其诸神的虔诚而在希腊人中判然有别(Deacy 2007: esp. 234—235)。这一发生在公元前6世纪50年代的事件,表明虔信在其名声中不可或缺。

一方面,这一行为使雅典人确信,他们与雅典娜有着特殊的联系。对雅典娜愿意为这所城邦的利益行事的信念,早在数十年前就表述在梭伦的诗中了。庇西斯特拉图似乎在利用这份信念,使这位女神在另一危急时刻显灵。我们还需要考虑,伟大的泛雅典娜节对作为一个崇拜团体的雅典人会产生的影响。这一事件发生的时候,这个节日应庆祝过三次了:公元前566年、公元前562年和公元前558年。即兴仪式在很大程度上激发了人们的兴奋,庇西斯特拉图应当能够诉诸由这一节日带来的重新生发的团结感。

庇西斯特拉图与"雅典娜"的战车之旅,也在仪式与神话的相互影响中发挥了作用。庇西斯特拉图有效地表明自己就是古老英雄们的一位传人,这些英雄在雅典娜的支持下,能够在其各项事业中取得成功。选择战车作为庇西斯特拉图和佩伊的运输工具，甚至暗示着一个特定的相似的英雄：赫拉克勒斯。如我们所见（第四章），在对其神化的表现中，赫拉克勒斯被描绘为与雅典娜并肩驾着战车。庇西斯特拉图甚至可能是在将自己呈现为第二个厄里克托尼奥斯，因为，这位英雄的创新之一便是发明了骑乘战车（chariot-riding）（e.g. Fulgentius, *Mythologiae* 2.14）。

人民是否相信佩伊就是雅典娜？或许希罗多德是对的，人们上当受骗了。如果是这样，这表明雅典人对宗教信念的接受程度极高。或者，他们也许是自愿成为庇西斯特拉图诡计的受害者，选择参与进这样一个唤起女神和她宠爱的人们之间神话般情谊的公共活动中。基于这一解读，雅典娜的象征性魅力变得显而易见，人们通过向僭主和扮演她的女子致敬来颂扬她的统一潜能。

建筑项目一向出自古风时代的希腊僭主们之手。在庇西斯特拉图和他的儿子们的统治下，雅典以空前的规模被美化，卫城顶峰成为某种样板。修建在卫城上的最重要建筑是雅典娜·波利阿斯的神庙（顺便一提，这也是唯一一个建于卫城、地基仍然可见的公元前6世纪建筑）。这座神庙可能最晚于公元前525年在庇西斯特拉图之子的统治下始建，不过更有可能是在庇西斯特拉图统治期间的某个时期。庇西斯特拉图对雅典娜的重视，确认了这位女神在宗教体系中的至上地位。她作为这座城邦之象征的角色，也可以追溯到庇西斯特拉图僭政时期。雅典娜/猫头鹰钱币图案的首次出现，可能在公元前6世纪60年代左右，那时庇西斯特拉图崭露头角，不过这也可能是他的儿子们的创新。

在庇西斯特拉图家族的统治下，雅典变成了一个文化名都，雅典娜是这一新建立起的自信心的象征和化身。没有什么能够抑制这一发展，甚至连僭政的倾覆都不能。卫城东南部的宙斯庙工程在希庇亚斯倒台后停止了，想来是因为，这一项目与僭主们的关系太过密切。与此相反，庇西斯特拉图对卫城山顶的开发，在民主制度下继续进行着。雅典娜被视为庇西斯特拉图的特殊保护神，也是全体人民的特殊保护神。僭政留下的遗产之一便是对女神和人民之间亲密联结的信念，这一信念穿过古风时代末期，延绵至古典时代。

波斯入侵

雅典娜崇拜在公元前5世纪早期如此稳固，以至于连一个可能会动摇雅典人对其庇护之信心的事件，都变成了一个重申她对其人民的特别关爱的机会。公元前490年在马拉松战胜波斯人后,"前帕特农神庙"(Pre-Parthenon)或称"老帕特农神庙"始建,这是一座纪念胜利的宏伟的雅典娜神庙。然而,它注定永远无法完工,因为,当波斯人于公元前480年入侵雅典时,它与卫城的其他建筑一道被摧毁了。本不可能的事情发生了:据称身受雅典娜特殊保护的地方被洗劫,20世纪被改造成希腊世界奇观之一的圣殿化为一片废墟。这一部分展示即使在至暗时刻,人们如何相信雅典娜为她的子民们而动用她的神力,以此来结束我们对雅典娜在早期雅典的讨论。

当波斯入侵将至,一位使节被遣至德尔斐,以寻求阿波罗的建议。说来奇怪,所得答复作为一则神谕的声明却毫不含糊,称雅典人为"不幸的人",指示他们"逃离[他们的]房子和[他们的]城市,逃向世界尽头"。根据神谕,他们的处境如此危急,以至于"头颅将不在其位,躯干也是一样,以及下方的双脚……而一切都将被毁灭"(Herodotos 7.140.2—3)。雅典人拒绝离开,直到他们收到一则后续的神谕。这则神谕有更多吉兆,召唤出雅典娜的标准雅典形象,即作为雅典的保护神和宙斯的女儿:

> 帕拉斯无法使伟大的奥林波斯的宙斯息怒,尽管她以许多言语和机敏的智慧恳求他……凯克洛普斯持守的神圣国境内的一切都将在今天被带走和失去……然而,一堵由全知的宙斯建

造的木墙将被赐予特里托革尼亚,这是你们和你们子孙的根据地。不要等待骑马的主人自亚洲而来,也不要原地不动,而要转身撤退,离开敌人。真正有一天,你们会与他面对面相见。神圣的萨拉米斯(Divine Salamis),你会给女人的儿子们带来死亡,当玉米播种或收获时。

(7.141.3—4)

首先,一切仍显得无望:雅典娜被设想为替这座城邦尽其所能说情,而她说服的尝试无济于事;她的智慧也没能奏效。尽管如此,赐予她的"木墙"带来希望,这是人民的新"根据地"。希罗多德叙述道,接下来是激烈的讨论,如何解释神谕,特别是考虑到"木墙"这一难以捉摸的说法。有人认为这代表卫城,因为据传它曾经被带刺的篱笆围着(7.142);但是最终得到支持的解释是忒米斯托克勒斯(Themistokles)提出的,即这一说法意指舰队。除了少数反对者留下来防守卫城,人们撤至附近的萨拉米斯岛。雅典娜的橄榄木雕像似乎也离开了城邦,这是唯一已知被移走以妥善保存的神像。

每年都有一天,雅典娜的橄榄木雕像离开城邦,在叫作普林特里亚(Plynteria)的节日上进行清理。在高度保密的环境下,长袍和各种装扮它的饰品被移去。随后它被包裹起来,带至法勒隆（Phaleron）的海域清洗。在这一天，雅典暂时失去了其保护神的雕像，这座城邦成了一个不快乐的地方。圣殿关闭了，正常活动暂停。在波斯入侵前移走雅典娜的雕像，应当至少和普林特里亚节时一样不祥，使这座城市在面对敌人入侵时同样不受保护。但事实上，神谕提供了一个替代的根据地，"木墙"有效地充当了临时的卫城。尽管预言看来一切都将失去，雅典娜还是能够找到一个替她的人民调解的方法。那份使神话中她的受保护人不断战胜困难取得成功的狡猾，也在此处应用于雅典人，在古代希腊世界中，人们认为，这里的人民从他们与这位女神的关系中获益。

小结

雅典娜的卫城崇拜十分古老，或许要追溯至青铜时代。当阿提卡在雅典的统治下统一后，她被尊为城邦的主神和整个区域的主神。此后，雅典历史和雅典娜的历史相重叠。随着雅典在公元前6世纪成为一股重要势力，她的崇拜随着伟大的泛雅典娜节的设立，以及后来一项重大的卫城建设计划而扩展开来。她被引为庇西斯特拉图的特殊保护人，后者的僭政使这座城邦跃升为希腊世界的重要一员。到了公元前5世纪早期，她与这座城邦的联系如此之深，以至于即使她的圣殿被洗劫，雅典人也找到了一个方式，来描述她为他们而奔忙。

引作本章题词的黑格尔的话语所表达的观点，对于其他任何城邦而言都是不可想象的。这些观点固然构成一种修辞性的夸张，但仍然捕捉到了雅典的自我形象是如何与其守护神联系在一起的。

七、一切关涉雅典娜？古典时代的雅典卫城

> 这……比我印象中更坚实、壮丽、稳固。黄色的柱子……在那里的岩石上聚合、成组、呈放射状……疾走的人群仿佛在恳求……这座神庙像一艘船，如此富有活力，紧绷着帆航行，尽管过了这么多年。
>
> ——伍尔夫（Virginia Woolf,
> 21 April 1932, quoted in Woolf 1982: 90—91）

引子

公元前 5 世纪期间，雅典成为希腊世界中最重要的政治、经济和文化力量。在这样的环境下，它的女神扶摇直上，其主要崇拜地——卫城山顶——成为希腊世界的奇迹之一，她的形象与这座城市的政治进步相结合。我们将考察多个为纪念她而建造的雕像和建筑，它们证明了她作为这座城邦的象征和保护

神的影响力。首先，我们将探讨帕特农神庙，这或许是众希腊神庙中最伟大的那座。在追踪公元前5世纪雅典娜与雅典的关系时，我们将能够作一些关于任何希腊神都几乎不可能的研究，即详细地追踪文化和历史因素在塑造他们的形象时所起的作用。

战争之后

波斯战争数十年后，卫城建筑沦为一片废墟，雅典娜崇拜的雕像存储在一个临时避难所里。尽管如此，人们找到了一个方式，来表达对战胜波斯人的感恩之情。在萨拉米斯海战中取得胜利的战船之一，被引进伟大的泛雅典娜节的游行队伍中。它被装上轮子，由男祭司和女祭司担当船员，其最为惊人的部分是它的帆，看起来是一件巨大长袍的形状，上面描绘着巨人之战。节日的这一发展为这场神话中的战役带来了新的意义，这场战役似乎在波斯战争后被重新解释，作为某种雅典人战胜他们自己的"野蛮"敌人的先兆。

随后的数年间，尽管那些建筑仍为废墟，但卫城山顶因竖立起震撼人心的女神雕像而生辉。其中最为壮丽的是菲迪亚斯或于公元前460至前450年间建造的高九米的青铜雕像，在公元前5世纪下半叶的重建计划以前，它一直是这片遗址的主要建筑。以马拉松之战十分之一的战利品作为经费,它标志着纪念这场胜利的进一步尝试,马拉松之战后没几年修建的"前帕特农神庙"或"老帕特农神庙"时运不济(第六章),而它成功了。

一个非常不同的形象是菲迪亚斯所塑的另一座雕像,青铜

图12:雅典娜·莱姆尼亚(Athena Lemnia, Dresden, Staatliche Kunstsammlungen Hm 49, purchased from the Albani collection, Rome, in 1728)

像"莱姆诺斯岛的雅典娜"(Lemnian Athena),大约在世纪中叶由雅典公民根据协议献给了莱姆诺斯岛。这座雕像在古代被标记出来,因其有着通常不与雅典娜相联系的特征:美丽。路吉阿诺斯将"脸部线条的柔和,以及她比例匀称的鼻子"视为理想女人的特征(*Imagines* 6),而希米利乌斯(Himerios)在公元 4 世纪热衷于她脸颊上的"玫瑰色红晕"(*Oratio* 68.4)。青铜雕像原作同样丢失了,但它似乎是免冠的,可能向下凝视着雅典娜右手握着的头盔。或许正是这一外表使它作为一位女性雕像如此动人,呈现出一个更为平和,甚至娴静或拥有"雌鹿般眼睛的"雅典娜,向下的凝视也显见于对厄里克托尼奥斯出生的刻画中。还是这位雕塑家,创造出雅典娜的战争形象以统治卫城山顶,他也捕捉到了雅典娜的另一"面",即作为卫城的守护神。

雅典娜在这一时期的另一个雕像中也有类似的向下凝视,那就是建造于约公元前 460 年,被称为"哀伤的雅典娜"的雕像,在这座雕像中,她赤足裸脚,没有佩戴神盾,倚靠着她的矛,向下看着她面前的一个对象。该对象或许提供了一把钥匙来解读这座雕像,只不过它究竟是什么仍不确定:或许是一份战争死亡人员名单,或是一块划定她圣殿范围的界石,甚或是装着厄里克托尼奥斯的箱子。无论哪种情况,都使我们得以强调这一本章中反复出现的特点。当她作为卫城守护神时,雅典娜不仅仅是一个好战的形象。在她标准的好战形象之外,她还被设想为一位体贴的、女性化的、更不必说是母亲般的形象。

统一与帝国主义

到了公元前5世纪中叶,雅典变成了主要的希腊政权,拥有一个大型海上帝国,以其最初的总部德洛斯岛(Delos)命名,被称为"德洛同盟"。454年,当同盟的国库由德洛斯迁往卫城时,雅典彰显了其新获得的实力。这一发展与雅典娜地位的提升并驾齐驱,如今她取代了德洛斯的主神阿波罗,成为这个帝国的保护神。这一地位的提升影响了泛雅典娜节,因为,每个盟邦都务必参与到节庆当中,为祭祀提供一套华服或是一头牛,进一步装点了想必本已十分拥挤的圣殿。在雅典娜圣坛举行的百牲祭会因此发展得更为壮观,屠牛的时间会持续更久,仪式的尖叫声也会延长。雅典娜的主要节日通过将帝国的城邦成员吸纳进公共庆典中,如今跃升为一个更为盛大的庆典。

德洛同盟的国库迁至卫城后,在伯里克利的领导下,决定开启重建计划,使卫城山顶再次成为希腊世界最伟大的崇拜地,一如庇西斯特拉图统治期间利用了雅典娜象征和统一的潜能,使关于女神的信息与关于城邦的信息交错在一起。区别在于，我们先前只能猜测庇西斯特拉图建造计划的性质和程度，而这一次我们有更多证据来追踪那些呈现出的雅典娜形象，即使有时候简明的解释并不可能——事实上，这些雕像引发了与古代世界任何作品相比最为多样、更别说是有争议的反应。

呈现一个统一的雅典娜形象的愿望，在"厄瑞克提翁神庙"上表现得最为突出，这座神庙的主要目的是替代雅典娜·波利阿斯被波斯人摧毁的神庙，因此，其古代的名字是"卫城上有古代形象的神庙"。神庙落址并非与先前神庙完全一致（顺便一提，这也是为什么先前神庙的地基仍然可见），而是建在附近崎岖的山地上，那里是各个崇拜的发源地，崇拜对象包括波塞冬-厄瑞克透斯、赫菲斯托斯、潘德洛索斯、凯克洛普斯、波忒斯（Boutes）（厄忒俄波忒斯[Eteouboutid]家族的祖先，是雅典娜·波利阿斯和波塞冬-厄瑞克透斯的祭司），宙斯作为许帕托斯（Hypatos,"至高者"）和赫尔克伊俄斯（Herkeios,"围栏的"，[家庭的保护神]），还有守护蛇。在这崇拜群集的地方，一座设计精巧的多层神庙建造起来，同时给这些崇拜一个新家，使它们避人眼目，以表尊敬。换言之，它与我们在第五章中考察的与卫城相关的神话有着类似的功能，将各种存在凝聚在雅典娜的统一形象之下。

另一座新修的建筑，即雅典娜·尼凯的神庙也是如此。它位于卫城山顶边缘一座小小的圣殿内，就在入口处，这一地点与女神的联系历史悠久。它拥有专属的古风时代崇拜雕像，纪念的是一个与雅典娜·波利阿斯神庙不同的宗教，尽管它看起来起初并无独立的祭司。更确切地说，这一崇拜似乎由雅典娜·波利阿斯神庙的女祭司管理。直到公元前 5 世纪 40 年代，它获得了专属的祭司职位，像所有新设立的祭司那样抽签选出，而非皆来自一个贵族家庭。这座新建的神庙既崇敬作为胜利带来者的雅典娜，也为即将进入卫城山顶的游客们就卫城作初步说明。在神庙的入口上方，雅典娜被呈现为卫城一众神祇之中心，这些神祇包括阿芙洛狄忒、波塞冬和宙斯。通过崇敬卫城山顶和山坡上的其他神灵，它介绍了翻新后的卫城，同时突出了雅典娜的至上地位。

美化城邦：帕特农神庙

通过这一计划的重头项目，雅典娜获得了更大的关注度，这座建筑叫作帕特农神庙（建于公元前 447—前 432 年）。很难不用华丽的辞藻去描述这座建筑。它是有史以来最大的多利斯风格神庙，有着非凡的规模和品质。它不仅位列古典时代最伟大的艺术成就，也是唯一一座每个（92个）柱间壁上都饰有浮雕的神庙。它令古代的参观者印象深刻，尤其是克里特岛的赫拉克莱德（Herakleides），在其公元前3世纪的《希腊城邦记》（*Notes on the Greek Cities*）中推介了"这雅典娜宏伟的神庙，引人注目而值得一看，人称帕特农神庙"。自18世纪晚期对希腊的重新发现以来，废墟遗址就吸引并震撼着游客，其中包括伍尔夫，她看到帕特农神庙的一些反响被引为本章的题词。

然而，在试图还原古代雅典人对这座丰碑的看法时，我们为缺乏出自其修建期间的评论而沮丧。根据普鲁塔克（Plutarch）的说法，伯里克利受到强烈批评，因为他使用同盟的财富"使城邦脱离同盟，以及用来美化她"（*Life of Perikles* 12），城邦甚至被比作一个"自命不凡的妇人，用昂贵的石头和雕像以及花去一千塔兰特的神庙装点自己"。鉴于此时雅典娜的象征意义，很容易作出这样的推断：女神本身被影射为打扮成一位化了全妆的女人的形象，她的美丽无论多么动人，也都是出于人为。

尽管它是古代希腊世界有名的神庙之一，却并不是我们传统意义上理解的神庙。近来，一个小神龛的遗迹在一处更古老的圣殿遗址建筑中被发现，它或许属于雅典娜·埃尔戈涅。但这从不是一个主要的崇拜地。它似乎并没有专属女祭司，更重要的是，也没有祭坛。雅典娜崇拜的主要中心还是在卫城北部，这里是橄榄木雕像的所在地和雅典娜·波利阿斯的伟大圣坛。它还有一个功能，我们或许难以将其视为与宗教相关：它的一个房间是雅典的国库。它并非主要崇拜的意义上的宗教建筑，更像是一张"空白的画布"，用来传达关于雅典娜以及雅典人民作为一个崇拜群体的信息。如果采信普鲁塔克的证据，那么，这些是有争议的信息，不过在某种程度上也有利于这个民主城市的形象，因为与其他任何公共建筑一样，它的进程在整个漫长的建设期间都要接受议会的年度审查。

这么说来，似乎可以合理断言，雅典人是在谈论他们的女神以及她与他们自己的关系。以其描绘单独一位神的次数，它确实在古代希腊的神庙之中非同寻常，雅典娜出现在它的每一座山墙上、每一面柱间壁上、每一个环绕内墙的饰带上。因此，进入神庙时，迎接游客们的将是菲迪亚斯建造的高九米的雕像，这是女神的一座辉煌的用金子和象牙制成的（chryselephantine）雕像，穿着铠甲，戴着头盔，配着盾和神盾，手持尼凯雕像，一条蛇盘绕在盾牌里。与这种对一位神超乎寻常的关注相结合，这座建筑罕见地在饰带上描绘了一个非英雄的凡人情景。这幅情景的主题是一大队人马，或步行，或骑在马背上，自西南角向南北两个方向行进，通常（并不完全如此：见下文）被视为是对雅典人民纪念雅典娜的描绘。如此打破传统，描绘崇拜中的人，这座神庙以鼎盛时期的古典城邦的形态更新了女神与城邦之间的联系，这种联系显见于6世纪，如此将关于雅典娜的信息与关于雅典人作为一个崇拜群体的信息结合了起来。

这座神庙的一个显著特征便是其主题的一致性，建筑的某些部分与其他部分此唱彼和，重复并阐述着特定宗教和神话思想。现在我们将通过察看山墙、每个山墙下方的柱间壁、饰带以及最后的雕塑考察其中一些主题。如我们将看到的，它们将雅典娜呈现为一位秩序和父权制的保护神，同时探索着她与一系列女性形象的关系。

一个便利的出发点是西边，和今天一样，这是游客们在转到东边的入口前，最先迎面而来的建筑部分。西山墙展示了雅典的主要基础神话之一：属地之争（见第五章）。在它的下方，朝着神庙西侧的柱间壁描绘着希腊人（也可能是雅典人）与阿玛宗女战士作战的图景。在这山墙与柱间壁之间，或许可以发现奇异的相似和不同，因为两者都展现了男女之争。将它们放在一起比较，我们看到，女性从外部进入雅典，设法控制这片土地，只不过在柱间壁上，女性（阿玛宗女战士）将要败下阵来，而在山墙上，女性（雅典娜）将会胜利。这样将不同的女性战士形象并置，传达了雅典娜的一个反复出现的特征：我们在本书中一直在探讨这一点，那就是作为女性战士，她本应当

雅典娜

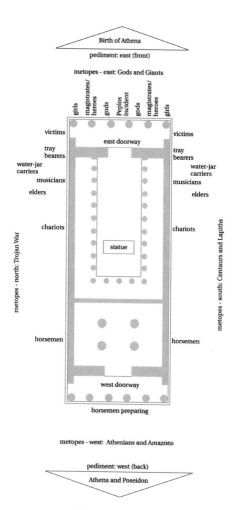

图 13：帕特农神庙平面图（Plan of the Parthenon; drawing by Kate Morton; reproduced by kind permission of the artist）

具有颠覆性,却反过来致力于"男性"和父权制城邦的福祉。这一差异体现在两位外来者的性质中。雅典娜来到雅典,带着象征和平与繁荣的橄榄树,而阿玛宗女战士一心想着征服而来。雅典娜的到来使城邦受益;阿玛宗女战士则试图以女性统治取代父权制。这几乎是在向我们呈现一幅视觉画面,描述了雅典娜在埃斯库罗斯作于公元前459年的《欧墨尼得斯》中所表达的感想,尽管她在其中拒绝婚姻,但她仍然支持男性,"在各方面……全心全意"(737, 8;详见第一章)。

雅典娜作为秩序拥护者的概念,与她在东山墙上的表现一致,那里展现了她在神话中的另一次降临:她的诞生。如我们所见,对雅典人而言,这是一个极具影响力的主题。

这一事件建立了她与宙斯的亲密关系,是在泛雅典娜节上纪念的神话事件之一。雕塑的大部分早已被毁坏,不过可以看到,宙斯站在中心位置,新生的雅典娜在他一旁,许多神分列两侧。通过描绘分处两个角落、向上升起的赫利奥斯(Helios)和正在下降的塞勒涅(Selene,月亮女神),这面山墙似乎传达着雅典娜诞生对宇宙的影响。

至于它下方的柱间壁上,又是一个明显的神话联系,主题是巨人之战。它强调了雅典娜和宙斯之间的联系,同时巩固了泛雅典娜节的主题,因为正如我们所见,巨人之战是这一节日纪念的神话之一。

除了对与泛雅典娜节相关神话的刻画外,对这一节日的进一步典喻也呈现在饰带上,这或许是对泛雅典娜节游行和泛雅典娜节赛会元素的理想化表现,尽管有其他意见认为它描绘了马拉松的死者。游行队伍在入口上方的东侧汇合,在那里,

图 14:帕特农神庙东侧饰带 29—37(East side of the Parthenon Frieze 29—37, London, British Museum)

十二位奥林波斯神祇被均分为两组呈现,一边顶头是赫拉和宙斯,另一边顶头是雅典娜和赫菲斯托斯(图14)。这提供了一种方式,将奥林波斯的王与后和雅典宗教中的主要神侣——厄里克托尼奥斯的父母联系起来。与此同时,它通过将他们分别画在一群神的排头位置,强化了雅典娜与宙斯在东山墙上的

联系。

在宙斯和雅典娜之间，在那块可以看守神庙入口的饰带上，某种宗教仪式正在进行，两个头顶有软垫凳子的女孩，她们正走近一个女人（或许是雅典娜·波利阿斯的女祭司？），这个女人看起来将要接过更靠近她的那个女孩的凳子。在她们身旁有一个孩子，通常——却不总是——被指认为一个男孩，一个男人正递给他一大块折叠起来的布料（或许这个男人是执政的王［basileus］，雅典城邦宗教的头领）。若不考虑整个饰带，这件物品被视为解释这个场景的关键。它通常被认为是在泛雅典娜节上献给雅典娜的新长袍，这一解释尤为吸引人，因为雅典娜卸下了她的神盾，或许是准备接受这新衣。这一可能性引出的问题是，众神正看向别处，导致一些人质疑泛雅典娜节的解释。在 20 世纪 90 年代早期，对这条饰带的一则解释在学界和媒体间广为讨论，这一解释遵循康奈利（Joan Breton Connelly）提出的一条理论（发表于 Connelly 1996），即饰带描绘的是雅典的一则地方神话：厄瑞克透斯和他的女儿们。

如我们在前章中所见，厄瑞克透斯出自荷马史诗，实际上就是厄里克托尼奥斯的对应人物，他出生于泥土，由雅典娜养育并带进她的神庙。在别处则相反，他是厄里克托尼奥斯的后裔，是单独的神话人物，有其自己的经历，尽管这些经历与他祖先的经历相呼应。根据这个故事，波塞冬一个名为欧摩尔波斯（Eumolpos）的儿子曾向雅典宣战，因为他想立他的父亲为城邦的保护神。彼时的雅典由厄瑞克透斯统治着，他与他的家族一道，以他们的奉献拯救了城邦，这种奉献也体现出他们将城邦的福祉置于任何个人情感或家族关系之前。欧里庇得斯的《厄瑞克透斯》（Erechtheus）残章，或许可追溯至公元前5世纪20年代晚期，它讲述了厄瑞克透斯如何被神谕告知，为了拯救城邦，他需要牺牲他的一位女儿。这个女孩的名字从这部戏剧的现存残章或其他任何出处中都不得而知，可知的是她在母亲普拉克西提亚的支持下慷慨献身。为了展现姐妹间的极度团结，其他同样无名的女孩们自杀了，显然她们发誓要一同赴死。在随后的战斗中，欧摩尔波斯被杀死了。厄瑞克透斯沦为波塞冬的牺牲品，后者随后发动一场地震，大地吞没了他。幸存的家庭成员普拉克西提亚因其对城邦的奉献而得到奖赏，被任命为雅典娜·波利阿斯的第一位女祭司。

通过对帕特农神庙饰带的详细解读，康奈利在场景中的每个形象与物件和神话中的各种角色之间，假设出一种联系。这个男人被她指认为是正准备牺牲女儿的厄瑞克透斯；那块布料是葬礼用的裹尸布；他身旁的孩子是他最小的女儿；其他的孩子们是其余的女儿；那个女人，根据康奈利的说法，是她们的母亲普拉克西提亚,她最终被雅典娜任命为雅典娜·波利阿斯的首位女祭司。

以这种方式解读,这条饰带呈现的图像与这个既纪念雅典娜、也纪念雅典的神庙相称,这些图像描绘热爱城邦的雅典人,他们都甘愿将雅典放在第一位,从保卫城邦而死的厄瑞克透斯,到自我牺牲的女儿们,还有普拉克西提亚,一位愿意置城邦于家人之先的母亲。康奈利的理论还提供了一则解释,关于为何诸神对凡人转过身去,而非观看发生了什么——理论认为,这样一个事件对他们而言是难以接受的。然而,这一理论也遭到了有力批评。被递予布料的孩子通常被认为是一个男孩而非一个女孩。但可能使这个理论站不住脚的,是祭祀场景中缺少两种重要元素:一把刀和一个祭坛。

康奈利的理论证明了,帕特农神庙饰带如何对于一系列解读是开放的。现在我要探讨进一步的可能性,即被描绘的仪式是阿瑞波里亚节,根据鲍萨尼阿斯所言,在此时节,每年都有两位女孩在雅典娜的女祭司指导下进行一场夜间旅行,这或许是对厄里克托尼奥斯出生前后的事件的重现(见第五章)。如果我们查看雅典娜与赫菲斯托斯在这一宗教仪式右侧的布局,便可进一步看出与阿瑞波里亚节的联系。相比凡人,雅典娜对她的伙伴神更感兴趣,她与他有着眼神交流,同时将神盾举过膝盖。她的姿势具有防御性，或许暗示着他们的性遭遇，这一神话事件将他们作为雅典人的神联系在一起，也导致厄里克托尼奥斯的孕育。

如果这暗示了厄里克托尼奥斯的起源，泛雅典娜节的解释也不会因此而排除——关于厄里克托尼奥斯的故事毕竟是神话中这一节日创始人的故事。这个雕塑似乎唤起了许多关于雅典诸神和英雄的神话和宗教叙事，尤其是雅典娜、赫菲斯托斯和厄里克托尼奥斯。它似乎也描绘了雅典人自己在泛雅典娜节或阿瑞波里亚节上参与崇拜这些神明的情形。

最后，我们要考察，雅典娜·帕特农的雕像为我们的解释增添了什么。它本身就是关于雅典娜的一个惊人形象，当我们思考它与这座神庙中雕塑的关系时，它更具重要性。它的盾牌装饰得十分华美，内侧描绘着众神对战巨人，外侧则是阿玛宗族之战（Amazonomachy），呼应着建筑东西两侧的柱间壁，如我们所见，它们举例说明了雅典娜与促进文明(神/希腊/雅典人)的秩序与和平之间的联系。她再一次与击败的这些女性产生联系，她作为"正派的"女性战士，与危险又恼人的阿玛宗女战士形成对比。至于蛇，它可能是卫城的守护蛇，或是象征着蛇形下的厄里克托尼奥斯。这将帮助我们解释，为何这面盾牌看起来在保护这条盘踞在其中的蛇。雅典娜的战争女性特质和抚育女性特质通常是分开的。在此处,它们混合在了一起。这位女神在她的铠甲中光彩照人,保护着可能是她儿子的守护蛇。

图 15:雅典娜·帕特农模型(石膏像)(Athena Parthenos model (plaster), c. 1970 ad, Royal Ontario Museum 962.228.16. With permission of the Royal Ontario Museum c ROM)

这尊雕像的底座描绘了潘多拉的诞生,她是第一位女性/妻子,当她打开托付给她的箱子时,她向世界释放了全部的恶。

对于希腊人而言，潘多拉是一个强大的形象，是"女人"的典范：一方面美丽又有着异国风情，另一方面又是邪恶的。在赫西俄德的《神谱》中，她是 kalon kakon [**美丽的邪恶**]（585），或曰"美丽的魔鬼"，既具诱惑力，又带来灾难。她的诞生作为雕像底座的神话主题，似乎是一个不同寻常的选择，但在多个方面都是合适的。如我们所见，雅典娜在潘多拉的创造过程中发挥了作用，当赫菲斯托斯用陶土和水造出她后，她教她纺织（见52页）。还有她的容器——这个储藏罐一直被误认为是她的"盒子"。那只违背指令被打开的箱子是厄里克托尼奥斯故事的一个主题，这或许由一则文献出处（Fulgentius *Mythologiae* 2.14）解释了这一误解，这则文献指认凯克洛普斯的三个女儿为：赫尔塞、阿格劳洛斯和潘多拉。

在这篇具有重大意义的文章《什么是女神？》（"What is a goddess?"）中，罗劳科斯（Nicole Loraux）（1992）提出了两种可能性：女神要么被理解为不过是女性版本的神，要么其女性特质如何是解读她的关键。如果第二种可能性属实，那么就有必要思考，她的女性特质是否和凡人女性一样，或是在某些方面更为强烈或极端。这些问题提供了一条路径，来理解雅典娜有魅力的性别形象。她以不同方式呈现为战士、永远的处女、母亲和女保护者，融合了一系列女性特质，这在凡间是不可能的。

这些形形色色的女性形象都呈现在帕特农神庙的雕塑上，使雅典娜充满了神话中最声名狼藉的女性——阿玛宗女战士和潘多拉的特质，她们是女性迷人又危险的典型。然而，作为一位女神，她超越她们，并成为城邦的保护神。

小结

公元前5世纪，雅典将卫城变为颂扬女神和城邦的丰碑，彰显了其新获得的实力。这座城邦利用雅典娜早在古风时代就已显现的统一潜能，不仅颂扬女神，也颂扬人民自己。神话中干预宠爱之人性命的"亲近女神"，在此处唤起了与作为一个崇拜群体的雅典人民的联系。卫城在一切都与雅典娜有关的同时，也呈现了一幅关于雅典人民的理想化图景。本章从性别角度进一步阐明了雅典娜的复杂性。帕特农神庙尤其被认为呈现了这位女神的各种形象，从有男性气概的战士到抚育者，同时将她独特的女性气质与凡人女性形象作对比，她让人们想起了这些女性，却又超越了她们。

八、更广阔的希腊世界

我歌颂你,女神,关照伊那科斯河的阿耳戈斯吧!我歌颂你,当你赶走你的马,当你再次将它们赶回来,并保护所有达纳斯人的财产。

——卡利马科斯(Kallimachos),《沐浴的帕拉斯》(*The Bath of Pallas*, 140—142, tr. Morrison)

引子

尽管雅典娜作为保护神和象征与雅典紧密相关,但她也在更广阔的希腊世界中被崇拜——遍及大陆和岛屿上的城邦,以及希腊影响下的东西周边地区。本章将关注各个城邦和地区对雅典娜的理解和崇拜。我们将尝试还原这位女神在某些崇拜地的独特面貌,同时思考,我们在一至七章中探索过的面貌在特定地区有多明显。

研究雅典娜在雅典的表现，我们向来处在有利位置。有充足的证据来考察她在宗教体系中的地位，并追踪她的崇拜如何随时间发展。相比之下，考察雅典以外的地方需要处理零散的参考文献和碎片化的考古资料，它们并不易于分析。我们时常面对的，不过是关于地方崇拜和传统那令人沮丧却又诱人的冰山一角。在某些情况下，只有一些别名（甚至只有一或两个）可用，这作为重现一个崇拜的起始点太过冒险，更别说了解崇拜是如何随着时间发展的了。有时一个故事与一座圣殿有关，但这往往并非提供了答案，而是让情况变得更为复杂，这很大程度上是因为故事的出处常常是鲍萨尼阿斯。作为地方崇拜的一个主要出处，他描述了圣殿的布局，列举别名并叙述了与地点有关的故事，但要认为他是一个准确的记录者，我们还需谨慎。他不仅是活跃在公元150年左右的一位晚近的作者，还将希腊神话呈现为奇闻逸事，要说它们在多大程度上与崇拜的真实性有关，还有待定夺。还有一个问题是，他是如何获得这些信息的，例如，他是否有时候会为那些导游所误导，他们给出的关于特定地方特色和风俗的信息并不准确。下文将频繁引用他，因为没有他，我们就更是一知半解了，但每一次援引他都需小心谨慎。

　　我们不打算列出每一种现存的对女神的表现，也不会罗列所有已知她受到崇拜的地点，而将精选出希腊大陆和岛屿上的一些地点并加以聚焦。我们还将考察她在希腊世界周边地区的崇拜，斟酌与非希腊民族的相互交流如何影响对她的表现，这些民族包括埃及人、腓尼基人和罗马人，他们的神密涅瓦成功地与雅典娜同化，以至于两位女神在某些方面变得可以互换。

超越雅典

尽管雅典在政治和文化上占主导地位，它对其他城邦的崇拜实践却影响甚微。即使当雅典兴盛为一个帝国政权时，似乎也没有影响到那些臣服于它的城邦的宗教实践。我们切实看到的是将雅典娜作为雅典政权的象征。在许多地方，包括埃基那岛（Aegina）和萨摩斯岛（Samos），有证据表明都建立了 *Athena Athenōn Medeousa*（"**雅典女王雅典娜**"）的辖区，或许标记着那些从叛乱城邦中没收而来的土地。远非干涉这些城邦的宗教生活，雅典娜只是被用以象征雅典在这些地方的影响力。

雅典娜在雅典的象征地位，并未妨碍她成为其他地方的重要神祇，甚至那些与雅典交恶的地方也是如此。例如，她是波奥提亚本邦的女神，这一地区与邻近的阿提卡时常关系紧张，其主要圣殿位于克洛内亚（Koroneia）（伊托内翁［Itoneion］）

和阿拉尔克墨奈（Alalkomenai）。乌鸦在雅典神话中被呈现为雅典娜的敌人（见第五章），它或许是雅典娜在波奥提亚的象征，可能相当于雅典的猫头鹰雕像（Deacy 1995: 98）。同时，雅典与斯巴达在公元前5世纪的敌对，似乎没有削弱雅典娜在斯巴达宗教中的地位；事实上，我们将会看到，有证据表明，古典时期她在斯巴达卫城的圣殿中有独特的崇拜活动。

我们需要明确的另一点是，雅典对雅典娜的崇拜模式绝非特有。各地存在明显的相似之处，我们将首先探讨其中最明显的，其余的我们将在整章中追踪。但也存在一些基本区别，本章将概述并解释它们。

雅典娜在雅典的主要崇拜头衔在整个希腊广泛可见。众多城邦拥有对雅典娜·波利阿斯的崇拜，包括阿耳戈斯、特洛曾和斯廷帕洛斯（Stymphalos），而类似的尊号包括波里阿提斯（Poliatis）、波里奥科斯（Poliouchos）和波莱玛多刻（Polemadoke，"支持战争者"），它们分别在忒革亚（Tegea）、斯巴达和克洛内亚得到证实。其他尊号似乎相当于波利阿斯，包括在曼提内亚（Mantineia）和波奥提亚阿拉尔克墨奈的阿拉尔克墨内亚（Alalkomeneia，"阻击的女神"或"保护女神"），以及许珀尔德克希亚（Hyperdexia，"人民的保护女神"），主要在诸岛屿得以证实。和在雅典一样，雅典娜的圣殿常常坐落在卫城上，仅举几例：如斯巴达、吉提翁（Gythion）、莱乌克特拉（Leuktra）、阿耳戈斯、迈锡尼、特洛曾、忒革亚、林多斯（Lindos）、哈利亚尔托斯（Haliartos）、帕罗斯岛（Paros）的库库纳里斯（Koukounaries）和库迈（Cumae）等。几乎可以说，哪里有卫城，哪里就崇拜雅典娜。即使在没有卫城的地方，也可以选择可达到的最高点作为雅典娜的圣殿，阿卡狄亚的美嘉洛波利斯（Megalopolis）的情况可为佐证。当它于公元前4世纪建立时，就在一座小山丘上为雅典娜建造了一座圣殿，这是这座新兴城市最接近卫城的建筑。

如我们所见，雅典娜既是雅典众神中的主神，也是雅典的挂名首脑，她戴着头盔的头像与猫头鹰和橄榄枝一起印绘在雅典硬币上，后者使人想起她的保护力和她在属地之争中对波塞冬的胜利。这种象征性的地位并不局限于雅典。其他城邦的银币也描绘着一个全副武装的雅典娜，包括特洛曾、阿耳戈斯和最有名的科林多（Corinth）。在科林多金币上，雅典娜在正面呈现为戴着一顶科林多式头盔，而飞马佩伽索斯呈现在背面。佩伽索斯具有象征意义，或许是因为他与雅典娜的关系——如我们所见，她帮助他从戈尔贡的头颅中诞生。此外，这一联系还有一层地方维度：柏勒洛丰在雅典娜的帮助下驯服了佩伽索斯（第48页），他是地方性的科林多英雄。

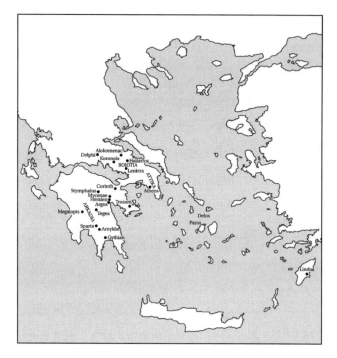

图16：希腊地图，展示了第八章中探讨的关键地点（Map of Greece, showing key sites discussed in Chapter 8）

如此说来，雅典娜在雅典崇拜中呈现的面貌也可见于希腊世界的其他地方。然而，我们不应该让雅典娜作为保护女神和挂名首脑的地位掩盖了雅典与其他城邦的神圣地理位置之间的一些根本区别。如我们所见，雅典是一个中央集权、"单一中心"的城邦，其主要的城区圣殿是整个城邦的主要崇拜地，而大部分城邦有"两极性",它们的主要圣殿位于周边地区,往往与城镇中心有一定距离。这些圣殿的目的是充当社群的聚集场所,维护社群对农业用地的控制。例如,斯巴达的主要圣殿,它是阿波罗·许阿金托斯(Apollo Hyakinthos)的圣殿,位于约五公里开外的阿穆克莱(Amyklai),而阿耳戈斯的主要崇拜地是赫拉神庙(Heraion),位于八公里外的阿戈里德。和许多伟大的圣殿一样,赫拉神庙处于一个战略位置,邻近其他两个城邦的属地。它所在的位置,距梯林斯(Tiryns)九公里,距迈锡尼仅五公里。雅典娜是阿耳戈斯和斯巴达双方的重要神祇,有着重要的城区圣殿,但她在两个地区都不是其众神中的主神。在雅典之外研究雅典娜,需要将这一概念贯穿第五至七章,而将指引我们讨论的概念抛诸脑后,即这位女神作为"单一中心"城邦保护神的概念。

斯巴达:青铜房屋与排钟

我们将以斯巴达作为雅典娜崇拜的一个例子开始,它似乎对地方的崇拜团体有着重要性,但我们对它的了解却令人沮丧的有限。在位于斯巴达卫城的雅典娜神庙中,这位女神有两个尊号,其中之一——波里奥科斯——在别处得以证实,并意指她作为城邦保护女神的职能。另一个是卡尔基奥伊科斯（Chalkioikos），似乎是斯巴达地方独有的。它的意思是"青铜房屋的"，但是为什么她的神庙是"青铜房屋"还远未可知。一种可能是指崇拜的雕像，根据鲍萨尼阿斯的说法，这尊雕像是青铜制成的（3.17.2）。另一种可能是，神庙的四壁饰有青铜片，这种可能性得到了现场考古发现的支持，其中包括许多青铜片和钉子。第三种可能是，这一尊号或许指向雅典娜在斯巴达的职能之一：她对青铜工匠的庇护。

这座神庙中崇拜的一个有趣的特点得到了证实，即排钟的使用，它们中的许多已被挖掘出来，总计约有120个，多以赤陶瓦制成，其余以青铜制成，主要来自古典时期。据目前所知，这类物品在雅典娜崇拜中是独一无二的：未在其他地方发现献给她的排钟。我们可以猜测其用途，通过考察在古代希腊世界其他语境中对排钟的使用——包括保卫城邦和在战斗中击退敌人。最为合理的解释是作辟邪用，青铜响亮的声音有助于击退邪灵。如果真是这样，雅典娜·卡尔基奥伊科斯可能作为雅典娜·波里奥科斯的专用版本，其保护效力与排钟的叮当声相关。这一看法颇具吸引力，因为，雅典娜与在别处产生的声响有关，例如，她出生时的战争呐喊声，或是一首奥洛斯管歌曲——它被认为是她由戈尔贡的死亡挽歌创作的（e.g. Pindar, *Pythian*

Odes 12.18—27）。这将我们引向对这座神庙名字的另一种可能的解释，即源自神庙中发出的排钟的声音。

从我们拥有的少量研究斯巴达的证据中，我们已瞥见了雅典娜崇拜的诱人一角。这位女神标准的保护女神形象已经显而易见，尽管她有着独特的地方性面貌。现在我们将转向阿耳戈斯，引入忒革亚作简要对比。相比研究斯巴达，我们有一方面比较幸运，因为我们知道当地的传统，这或许有助于解释当地的崇拜，不过相关证据必须谨慎使用，因为它们来源于其作品需要谨慎对待的作者。

阿耳戈斯："明目的雅典娜"

当赫拉从她的圣殿即赫拉神庙中掌管整个阿戈里德时，雅典娜身为城区的保护女神，在主要的卫城拉里萨（Larisa）作为波利阿斯被崇拜，在另一座小山阿斯匹斯（Aspis）上作为奥克西德尔科斯（Oxyderkes，"有着洞察目光的"或"明目的"）被崇拜，这一尊号也仅在阿耳戈斯得到证实。

雅典娜·奥克西德尔科斯圣殿的建立归功于狄奥墨德斯，鲍萨尼阿斯（2.24.2）告诉我们，这是为了感谢雅典娜"消除他眼中的迷雾"，从而激发他在特洛亚战场上身为战士的英勇。

这看起来像是一个颇为勉强、将狄奥墨德斯的功绩与其城邦的崇拜相关联的尝试，尽管这并非他唯一出现在阿耳戈斯（Argive）神话和崇拜中的特洛亚功绩的例子。阿耳戈斯是雅典娜神像的家乡，人们相信，它是由狄奥墨德斯从特洛伊偷走后带去阿耳戈斯的，从而将雅典娜神奇的保护力由特洛伊转移到了他自己的城邦中。这个故事类似其他与雅典娜有关的传统，使人们注意到她赋予人或物不可侵犯性的能力。在阿卡狄亚，忒革亚城宣称拥有一缕戈尔贡的头发，它们原本属于雅典娜，却变成了一位地方公主斯忒洛佩（Sterope）的财产（Apollodoros 2.7.3）。这缕头发要保存在一个青铜罐里，一旦城邦遭到攻击，斯忒洛佩就会从城墙上将其举起三次，而敌人将会被击溃。这个故事再次为我们指出那已在本书中探讨过的准则：雅典娜在旁，胜券在握。正是这个原因，狄奥墨德斯的盗窃完全没有引起负面反响，而是被描绘在阿耳戈斯硬币上，同时雅典娜神像印在反面，既颂扬着这位地方英雄的行为，也宣扬着这座城邦所获得的特殊保护。

视力主题有趣地出现在阿耳戈斯的雅典娜崇拜中，希腊化时代的诗人卡利马科斯在《沐浴的帕拉斯》（*Hymn* 5, especially 51—54; 82—89）中对此作了描绘，叙述了一群年轻女子在伊纳科斯河（Inachos）清洗帕拉斯雕像（= 雅典娜神像？）之事。这个仪式最为惊人的一个方面是要求男性远离此地,以免他们看到裸体的女神并因此而失明。这一要求通过忒瑞西阿斯(Teiresias)的故事来阐明,这位年轻男子意外撞见雅典娜的裸体,并被女神夺去了视力。他看到了任何一个男子都不应当看到的事情,即处女神的裸体。毕竟,这是那位被认为连诞生时都佩着铠甲现身而非裸体的女神。帕拉斯的沐浴使人想起雅典的仪式,即在普林特里亚节将雅典娜的雕像带至海边清洗。这一雅典节日不仅充满保密性,也是有着不祥征兆的一天(第六章),因为涉及除去女神的属性——在所有神祇中,她由自己的装束定义:她的盔甲和衣裙。

我们必须抵制这种诱惑,即认为卡利马科斯的诗歌反映了崇拜的真实情况。作为一首富含修辞的希腊化时代的诗歌,它可以解读为视力和阿耳戈斯的雅典娜崇拜之间有关联的进一步证据,或是由一位博学的作者对阿耳戈斯崇拜的方方面面的详细阐述。这说明了与地方崇拜有关的风险,尽管我们很想抓住每一个信息,作为有关地方理解或崇拜的证据,但我们也需要意识到,我们的许多文献来源有其局限性。

就斯巴达而言,我们离定论还很远:我们仅能提出一些对于解释我们所持有的这种证据似乎最合理的意见。将这些现有证据拼接起来看,似乎雅典娜作为保护女神的职能在阿耳戈斯有着特殊维度，这一职能源自神奇的雅典娜神像，并与其目光的威力相关。

阿卡狄亚：生育女神？

雅典娜·阿莱亚（Alea，"避难所"，"庇护"）的圣殿位于阿卡狄亚东南部的忒革亚，这里是雅典娜著名的崇拜地之一。它位列古代希腊最负盛名的圣殿，曾接待过斯巴达国王列奥提西达斯（Leotychidas）和鲍萨尼阿斯（Pausanias）等人。公元前8世纪时，这里是一个兴旺的崇拜场所，尽管更早期就存在崇拜的证据也很明显。一座建于公元前7世纪的巨大神庙，在公元前4世纪时被烧毁了。取而代之的是"一座巨大又值得一看的神庙"（Pausanias 8.45.4），被视为伯罗奔半岛（Peloponnese）最为引人注目的建筑。相比雅典娜的其他崇拜场所，对这座神殿我们掌握了更多证据，因为，它已被广泛发掘，最近的一次发掘是由挪威考古队进行的，他们自20世纪90年代起就在挖掘该遗址。

在我们对雅典娜崇拜的调查研究中，对这座圣殿的兴趣主要在于，它与雅典娜崇拜的标准模式背道而驰。崇拜地处在一个边缘地区，并非坐落于卫城，而是在一片远离城市中心的平原上。它符合大部分伟大圣殿坐落于战略位置的模式，此处是位于阿卡狄亚和阿戈里德间的交通要冲。但是，一座雅典娜的主要圣殿建在郊区干什么？我们在忒革亚能看出雅典娜的地方身份有任何独特之处吗？这是否增进了我们对于雅典娜在希腊世界中的认知和崇拜的理解？

与这座圣殿相关的一个故事，表明了在忒革亚对这位女神的特殊理解。故事涉及一位当地女性奥格（Auge），她是雅典娜阿莱亚的女祭司，为赫拉克勒斯所强暴并在圣殿的圣泉旁生下了忒勒福斯（Telephos）（e.g. Apollodoros 2.7.4; Pausanias 8.457）。雅典娜的愤怒并不意外。在与她相关的场所中，唯一可以出生的只有她自己的孩子，就在当地的特里同河畔。此外，雅典娜的愤怒也被证明是针对其他玷污了她的圣殿的女性，即美杜莎和另一位女祭司伊奥达玛（Iodama），后者在夜里进入了她在波奥提亚的主要圣殿伊托内翁（Pausanias 9.34.2），并为神盾所惊吓。因此，这个故事在某些方面符合雅典娜神话。正是雅典娜对亵渎的反应使得这个故事如此特别，因为这赋予她可被称作"生育力"的特性。据说她引起了一场瘟疫，使得大地不育，这些行为通常与"生育"神祇们相关，最为有名的例子则是德墨忒耳，在佩耳塞福涅（Persephone）被绑架后，她收回自己使作物生长的神力。

在这个故事中,雅典娜·阿莱亚表现为一位神祇,对她的设想与这位女神的标准形象不同,她所具有的特点更常与德墨忒耳联系在一起。考古学证据似乎证实了一种关于雅典娜的独特构想。在这座圣殿出土的祭品中包括宝剑、盾牌和箭头,它们与女神的标准战士形象相符。考古发现中属于更早时期的物品,通常与一般所归类的"生育"神相关,尤其是德墨忒耳和佩耳塞福涅。它们包括在圣殿中发现的不计其数的石榴吊坠(Voyatzis 1998: 139; 140),与所有在古希腊宗教语境中使用的物品一样,例如,斯巴达排钟——石榴的准确含义难以确认。然而,考虑到其与德墨忒耳和佩耳塞福涅的联系,它们似乎最有可能与生育力和来世有关。

这就提出了一种可能性:在早期,雅典娜·阿莱亚的一些特性更常与德墨忒耳而非与雅典娜联系在一起。这或许证实了这样一个时期,当时对雅典娜的理解并不具有其后来的泛希腊特征。这位女神清晰的早期形象或许有助于解释这所圣殿的选址。雅典娜·阿莱亚或许是农业用地而非城镇中心的保护女神。关于奥格的故事或许暗示,雅典娜·阿莱亚至少在地方神话中继续被设想为一位"生育"女神。

我们对雅典娜·阿莱亚圣殿的考察表明,对于雅典娜的本质和她的崇拜,我们应当避免过于简单的叙事。与城镇区域相关联的同时,她最为著名的圣殿之一——或许是雅典卫城之后最伟大的一座——坐落在平原上,似乎指向关于这位女神的一个与我们通常对她的认知不同的构想。我们将在下一部分探讨雅典娜的另一个非城镇圣殿,也就是位于德尔斐的那座。

德尔斐与其他地方:儿童的概念与对儿童的保护

雅典娜在雅典最为特别的面貌之一,便是她与厄里克托尼奥斯的联系,他那异乎寻常的孕育和诞生都主要与她有关,她将他放进一只箱子里,并最终在她的神庙中将他养大,力求保护他。这一部分将通过探讨雅典娜在其他地点与分娩的关系,结束我们对雅典娜崇拜在爱琴海希腊的城邦和区域中的研究。我们从她在阿波罗的诞生中的角色开始讲起。在阿波罗诞生神话的一些版本中,据说雅典娜松开了勒托(Leto)的腰带,使她得以生产。有一种解释(Pausanias 1.31.1)将这一幕定位在阿提卡海滨一个叫作佐斯特(Zoster,"腰带")的地方。勒托接着去了德洛斯岛,这里是阿波罗和阿耳忒弥斯的出生地。

在德尔斐,雅典娜或许同样被设想为这一角色。德尔斐的主神是阿波罗,其圣殿位于基泰隆山(Mount Kithaeron)的山坡上,是主要的泛希腊崇拜场所之一。雅典娜的圣殿离此处有一段距离，位于玛尔玛利亚（Marmaria）地势较低的地方，这里坐落着一座以其规模和美丽著称的神庙（Demosthenes, 25 [*Against Aristogeiton* 1].34）。圆顶墓（tholos）（图17）是德尔斐明信片上的热门图案（有时被错误地识别为"阿波罗神庙"），它是这所圣殿中的建筑之一，尽管尚未知晓其用意。作为雅典娜·普罗奈亚（Pronaia，"神庙面前"），她起着守卫阿波罗神庙的作用。她似乎有着阿波罗本身的护卫职能，这

图17：雅典娜位于玛尔玛利亚的圣殿，阿波罗神庙位于上方的高地（The sanctuary of Athena at Marmaria, with the temple of Apollo on higher ground above; photo: Daniel Dench）

可以由圣殿中存在雅典娜·佐斯特里亚（Zosteria，"腰带女神"）的圣坛表明——这座圣坛可使人想起雅典娜在阿波罗的母亲勒托分娩时提供的帮助。

表面看来，处女雅典娜与分娩相关似乎很奇异。然而，由一位处女神掌控着分娩的观念，已证实存在于希腊及其以外地区，例如，希腊的阿耳忒弥斯，或罗马的狄安娜。其中的逻辑是：女神们未经开发的性赋予了她们性力。作为一位克制其性的女神，雅典娜是解决怀孕或分娩问题的理想之选。雅典娜介入使孩子得以降生的背后，与其说是保护生育**本身**（*per se*），不如说是一种使个体在不寻常的情况下出生的能力，从她自己的"儿子"厄里克托尼奥斯到阿波罗和阿耳忒弥斯——后两者的出生受到赫拉的阻挠，直到雅典娜干预进来，两个孩子才得以出生。考虑到这一点，让我们短暂地转向一则鲍萨尼阿斯讲述的故事（5.3.2），关于雅典娜在埃利斯（Elis）的一座圣殿：

> 据说，埃利斯的女人祈求雅典娜使她们下次一与她们的丈夫同房就怀孕，因为这个国家失去了青年人。她们的祈愿得到了回应，于是她们建造了一座圣殿献给雅典娜·墨忒耳（Meter，"母亲"），而因为妻子们与丈夫们在其交合中体验到了极致的快乐，他们将这个地方叫作巴迪（Bady，"甜蜜"）。

再一次地，当情势阻碍时，正是因为雅典娜，孩子们才得以出生。俄耳甫斯（Orphic）的作品也在关于狄奥尼索斯（Dionysos）的内容中利用了雅典娜的这些能力。这位年轻的神在提坦诸神的引诱下离开了他的保护者库莱特斯们（the Kouretes），提坦们杀死了他，肢解了他的尸体并吃掉了他（West 1983: 74.）。而雅典娜设法取得了他那仍在跳动的心脏，将它装在一个箱子里，狄奥尼索斯由此重新生长出来。狄奥尼索斯，这位"出生两次"（Twice-born）的神，此处在雅典娜的庇护下，从他仍在跳动的心脏中第三次诞生。

雅典娜自己在一个不寻常的情形下出生：处在宙斯体内，直到赫菲斯托斯的斧子一击，才使得她一跃而出。她也参与了类似奇异的分娩情形。佩伽索斯和克律萨俄耳（Chrysaor）从美杜莎被割断的脖子中出现，这一方式在神话中最接近于雅典娜自己的出现方式。生而为战士的克律萨俄耳出生的方式尤其使人想起雅典娜，他的名字"金剑"也适合这样一个全副武装出现的形象，或许类似于雅典娜诞生时炫目的场景。

当雅典娜作为参与分娩的女神时，她发挥的是她逆转时局的能力。这又为我们提供了关于她这一角色的另一个例子，即作为能够实现看似不可能之事的神，此处指在不寻常的情形中生育孩子。

同化：阿娜特与密涅瓦

再现希腊世界中的雅典娜崇拜别具挑战，包括从匮乏的证据中拼凑出她在不同地点对其崇拜者本该有的意义。当移步至希腊影响下的更为边缘的区域时，我们面临着一些新的问题，即衡量雅典娜被其他古代民族的某些女神同化的程度。

古代多神教文化欣然乐意在他们的神和其他民族的神之间建立联系。诸神无须在每个方面都完全相同，只需有足够相同的元素以达成一种密切关联。例如，埃及城邦塞易斯的战争/纺织女神奈特，她在各古代作家笔下与雅典娜有关，即使她的一些特质——首先是她的鳄鱼外表——与雅典娜不那么相似。比如柏拉图（Plato）《蒂迈欧》（Timaeus）断言，塞易斯的缔造者据说是"一位女神，她的埃及名字是奈特，而在希腊，如他们所宣称的，她的名字是雅典娜"（21e），而希罗多德（e.g. 2.28, 59, 182）始终以雅典娜之名指代塞易斯的女神。

奈特和雅典娜是不同宗教体系的女神，有着足够相似的特性使她们得以等同。至于另一位女神阿娜特，由于塞浦路斯岛（Cyprus）上的希腊人和腓尼基人有着悠久的互动传统，这种联系更上一层楼。塞浦路斯因是一个文明的"熔炉"而闻名于古代世界，早期原住民与腓尼基人、希腊人和其他民族一道居住于此。这里也是一个宗教的熔炉，其众神由各民族的神组成。同化在这样的环境中，是常见的，例如，赫拉克勒斯与腓尼基神美耳卡特（Melqart）之间的同化，以及阿波罗与腓尼基神利悉（Resheph）之间的同化。

至于雅典娜，最晚于公元前5世纪，可能还要早得多，她与腓尼基的"处女"和"毁灭者"女神阿娜特相关联，这位女神以其残暴闻名，属性之一为战斧。阿娜特也和雅典娜一样，是一位强大父亲的女儿，她的父亲是埃尔（El），而她作为一位女神的职权范围包括庇护城邦。和先前一样，两位女神间的"匹配"并非全然契合，阿娜特有着一些明显不同于雅典娜的特性，比如她被呈现为有角带翼的。然而，女神间能够感知到的联系是如此强烈，以至于她们共同在伊达里昂（Idalion）和一个现在被称为拉尔纳卡-提斯-拉佩托（Larnaka-tis-Lapethou）的地方受到崇拜。她们的同化程度可以通过一句希腊语和腓尼基语的双语铭文看出，这句话出自一段公元前4世纪的铭文，刻在于拉尔纳卡-提斯-拉佩托发现的一座圣坛上，希腊语为献给"雅典娜·索特里亚（救星）·尼凯和幸运之王托勒密（Ptolemy）"，腓尼基语为献给"阿娜特，生命之神，托勒密王朝的好运之王"。

雅典娜和她在腓尼基的对应女神之间的联系，似乎主要局限于塞浦路斯。有着更大影响的是雅典娜和罗马女神密涅瓦之间的同化，密涅瓦早期与雅典娜联系在一起，作为早期罗马希腊化传统的一部分，这种传统将罗马诸神与希腊众神中最接近的神等同起来。与雅典娜一样，密涅瓦起着守护神的作用，以她的情况而言则是作为卡皮托里尼三神（Capitoline Triad）朱庇特－朱诺－密涅瓦之一。她和雅典娜一样，也是一位手工艺女神，其主要的罗马节日是五日节（Quinquatrus），一个工匠的节日。她的另一个形象是密涅瓦·美狄卡（Minerva Medica），使人想起雅典娜·许革亚，以这一形象，她在整个意大利和更广阔的罗马世界发挥着疗愈女神的作用，包括苏丽丝泉（Aquae Sulis）（巴斯［Bath］），这是罗马－凯尔特（Romano-Celtic）女神苏丽丝·密涅瓦的家乡。

雅典娜的形象对密涅瓦的肖像有着如此重大的影响，以至于密涅瓦与雅典娜同化前是什么模样不得而知。因此，在外表方面，两位女神完全相同。也存在一个与上述雅典娜－阿娜特的例子类似的语缘关系，这次是一则雕塑上的双语铭文，这座雕塑由林多斯的一位罗马商人于公元前3世纪献给"**雅典娜·林迪爱**"［*Athena i Lindiai*］和"密涅瓦·林迪爱"［Minerva i Lindiai］。"密涅瓦"在此处也读作"雅典娜"。

然而，这些存在已久的联系不应使我们忽视两位女神之间在认知和崇拜方面的真正差异。密涅瓦的重要性无法与雅典娜比肩。她在卡皮托里尼三神中，重要性次于其同伴神。她的一个主要职能涉及监管孩子——尤其是女孩——的成年过程，在希腊世界，这一职能分工通常是由阿耳忒弥斯负责女孩，由阿波罗负责男孩。就肖像学和神话学方面而言，雅典娜和密涅瓦是相同的，但她们在各自的众神中仍是各具特色的女神。

小结：雅典娜的多样性？

正如在雅典那样，雅典娜在整个希腊世界发挥着城邦保护女神的作用，尽管我们的研究也显明了与雅典模式的重大背离。她作为城邦保护女神的地位没有使她成为地方众神中的主神，因为，主要的神殿常常位于远离城区的地方。而且，在我们看过的那些例子中，当她的圣殿是城邦或地区的主要圣殿时，这些圣殿并不坐落于卫城，而是位于市区外聚居地前方。本章展示了雅典娜在整个希腊世界受到崇拜的种种方式，同时进一步证实了她在雅典的崇拜的不寻常本质。

对雅典娜的崇拜以其多样性为特点，因为它适合一个由无数独立城邦组成的世界，每个城邦都有自己的众神、地方英雄和神圣地理。每个城邦或地区都以一种适合其特定地方环境的方式崇拜她,这种倾向适用于爱琴海地区的希腊世界和希腊影响下的更为边缘的地区,在那里,她与其他民族的近似女神相关联。这一研究识别出了构成像雅典娜这样的希腊神的两个特质。她是泛希腊观念的产物——这些特质在整个希腊世界都很常见。顺着这个思路,在某种意义上,有多少希腊城邦,就有多少个雅典娜。

雅典娜效应

Athena
Afterwards

九、从存在者到形象：基督教的崛起与后古典时代的世界

"这是我的最爱"，他说道。他向我拿起那件物品……这是一尊小小的青铜雕像，戴着头盔，身着雕刻的袍子垂至脚面，上身刻着希顿（Chiton）或是宽松外袍（peplum）。一只手伸出来，仿佛持着一根手杖或权杖。"她是完美的"，他说道，"只是她丢失了她的矛"。我一言未发。

——希尔达·杜丽特尔（HD），《献给弗洛伊德》

(*Tribute to Freud,* quoted in Owen 1983: 118)

引子：超越古代

雅典娜是希腊诸神之一，自古代就有其特别的吸引力。她与文明的价值观相关，艺术、学识、正义和智慧赋予了她象征性价值，在这方面她仅次于性和欲的化身阿芙洛狄忒。她迷人

有趣的性别身份确保她能够长存,使她在女权主义者和精神分析思想中格外重要。她的一些属性具有作为象征的潜能,这也增强了她的吸引力,尤其是猫头鹰和戈尔贡,它们都继续被用作标志或徽章。

这最后一个部分将探讨她的后古典形象,追踪其自基督教的兴起直到现代的进程中的主要发展阶段。我们将考察,在各个节点,她的古代角色的多重面貌如何调整和转型。在一篇简短的研究中,我们无法对两千年来的所有表现进行公正合理的评价;相反,我们将着重讨论一些对其古代形象最为显要和具有影响力的改编。我们将关注那些对她形象的利用如何促成了当前的认知,以及一些著名的文学艺术作品当中,雅典娜又扮演着怎样的角色。我们还将着眼于特定国家历史中的关键节点对这位女神的接受,研究她的形象在协助统治者和促进政治制度合法化方面的作用。

从厌恶异教徒到伦理象征

当异教诸神继续被崇拜时,雅典娜和她的伙伴诸神一样,为基督教著作家所憎恨。因急于证明基督教的优越性,早期基督教著作家有时举例希腊诸神来证明异教的道德败坏和荒谬。

数位著作家利用了一份存世的诸神清单——有可能是亚里士多德文集的一部分,来作为他们审判异教现成的手段。这份清单不仅突显了多神崇拜而非一神崇拜,并且还强调了他们的一些特性所导致的包括雅典娜在内的异教神的堕落。最早使用这份材料的基督教著作家是亚历山大的克莱芒(Clement of Alexandria),他作于约公元190年的《劝勉篇》(*Protrepticus*,"劝勉希腊人")引用了这份清单来谴责异教崇拜之愚蠢:

> 有人提出有五个雅典娜:赫菲斯托斯的女儿,雅典人;尼罗(Nile)的女儿,埃及人;第三个是克罗诺斯的女儿,战争的发明者;第四是宙斯的女儿,麦西尼亚人(Messenians)以她母亲的名字称她为考吕怀希亚(Koryphasia);最重要的是,还有帕拉斯和俄刻阿诺斯(Okeanos)的女儿提坦尼斯(Titanis)的孩子:在以不敬方式牺牲了她的父亲后,她穿上了父亲的皮,就像穿上一张羊毛。
>
> (2.28)

这番对五位同名雅典娜的列举,与占主导地位的希腊神话传统有着奇怪的关系,在后者中,雅典娜几乎一直被认为是宙斯和墨提斯的女儿。一个好战的雅典娜("战争的发明者")

和克罗诺斯之间的关系尤其难以解释，因为克罗诺斯并不以与战争相关而著称。与赫菲斯托斯的关系，或许源于对她的雅典尊号赫淮斯忒亚（"赫菲斯托斯式的女神"）的字面解释。同样地，认定雅典娜以其母亲之名被称为考吕怀希亚，或许源自对 *koryphē*（"头"）的字面理解。

至于第五个雅典娜，这位女神为克莱芒提供了一个强调诸神堕落的契机。在这个例子中，雅典娜与一个被称作帕拉斯的形象之间的关系，在希腊神话中并非没有相似之处。我们已经遇到了其他叫这个名字的形象，雅典娜与其关系矛盾重重：这是雅典娜在玩耍打仗时意外杀死的儿时朋友，也是雅典娜在巨人之战中击败的巨人。后一个故事也涉及神盾的创造——她剥下敌人的皮用以制作盾牌。但是，且不论主题的相似，对第五个雅典娜的解释涉及一种异乎寻常的对惯常父女关系的反转，乱伦、弑父和毁尸取代了和睦与尊敬。这一解释混合了足够多的主流材料和非经典材料，以帮助攻击异教。

当康斯坦丁（Constantine）于 323 年继位后，基督教被立为罗马帝国的主要宗教。在他的儿子康斯坦斯（Constans）和康斯坦提乌斯（Constantius）治下，异教崇拜被下令中止，所有的异教神庙关闭。在这种迫害局势下，费尔米库斯（Firmicus Maternus）撰写了一篇论文《论异教的错误》（*On the Error of*

Profane Religions，约346年）。它是写给康斯坦斯和康斯坦提乌斯的，表达了对异教持续的攻击。对五个雅典娜的列举在他的作品中变为对这位女神的详尽谴责，尤其是第三和第五两位同名女神：

> 第三个是萨图恩（Saturn）的女儿；人们说她是一个像男性一样的女性，因为她从不使自己保持女性的端庄，而总是流连于武器和战斗的喧闹之间，还追随战争血腥的征途……第五个是她的父亲帕拉斯和她的母亲提坦尼斯的后裔，她以她的父亲为名，被人们称作帕拉斯。失去理智伴随着弑父的狂怒，加之疯狂鲁莽的本能，她割开父亲帕拉斯的喉咙，残忍地杀死了他。她还不满足于父亲的死，为了她可以更长久地享受他的不幸，为了她父亲的死亡使她更残酷地欢欣，她在他的遗骸之中装饰她自己，这样她就可以通过这残忍的炫耀来公布她弑父的罪行。
>
> （16.1—2）

于费尔米库斯而言，雅典娜是无廉耻和邪恶的，是异教的缩影。而在费尔米库斯写作的时期，异教对基督教的威胁正在接近尾声。他的作品沿袭了谴责式写作的传统，但在4世纪刚刚基督教化后的世界里有几分过时。诸神开始在基督教体系的信仰和价值观中接受新的角色。康斯坦丁彰显了他的权势，将他那新建的城市君士坦丁堡变为一个文化名都，饰以一些最伟大的希腊诸神形象，包括菲迪亚斯创作的雅典娜·帕特农雕像和雅典娜·普罗玛科斯的雕像。如此便开启了雅典娜的新角色，她不再作为异教崇拜的对象，而是在基督教这一新体系中有了一个被敬奉的位置。这一新角色，如我们将看到的，是通过与圣母玛利亚可感知到的联系而促成的。

在基督教纪元的最初几个世纪，玛利亚成为希腊宗教体系中雅典娜那样的形象：父权制宗教中一位强大的女性。不仅仅是帕特农神庙，雅典娜的数个崇拜场所，都被改造成了圣母玛利亚的神龛。玛利亚也被赋予了雅典娜的一些属性。到了 4 世纪，她常被描绘为胸前有着戈尔贡纹饰。玛利亚也被认为有着好战的一面，这一点或许可以通过 7 世纪君士坦丁堡所报道的圣母显灵得以证明。据说，当阿瓦尔人（Avars）入侵时，她出现在城墙上，挥舞着长矛劝诫人民。基督教圣人表现得像是一位异教的神，这或许是最为惊人的例子，其中玛利亚不仅继承了雅典娜好战的性格，还继承了她作为城市守护神的职能。约三个世纪前雅典娜·帕特农雕像和雅典娜·普罗玛科斯雕像的迁址会加强这种同化。这就引出了一个问题，即当君士坦丁堡的人民看到这些雕像时，他们看到的会是谁：古代的处女，还是基督教圣母？也许他们会看到两者——一个异教化为新雅典娜的玛利亚。

寓言与象征

公元4世纪镇压异教后，雅典娜的象征魅力开始为基督教思想家所领会。离开她原本的崇拜环境后，人们创造了一组职能，成为这位女神在今天主要为人所知面貌的基础。

将古代诸神据为己有总是涉及选择。随着研究的推进我们可能会发现，有意思的不仅是这位古代女神自古代以来被利用的那些方面，还有被遗漏的那些。例如，她的无情往往被忽视，一如她在神话中对那些被描述为其敌人的对象展现出的近乎恶意的态度。而这位希腊女神被利用的是那些被认为更有助于展现其象征意义的方面：例如，她对文明制度和事业的庇护，以及对特定城邦和够格的个体的支持。

雅典娜的后古典魅力，源于她可以轻松地融入基督教的价值观体系。她与智慧、手工艺和正义的古代联系被改编，与正义（Justice）、审慎（Prudence）和最重要的智慧（Wisdom）等观念相关联。她的寓意潜能是中世纪和文艺复兴艺术中反复出现的特征。例如，波提切利（Botticelli）的《帕拉斯与半人马》

(*Pallas and the Centaur*, 1482)展现了女神驯服半人马所代表的暴力（Brute Force）。类似的理念也呈现在曼特纳（Mantegna）的《将罪恶从美德花园中驱逐》（*Expulsion of the Vices from the Garden of the Virtues*, 1502）；这位女神全副武装驱赶罪恶，代表善的力量（刚毅［Fortitude］、节制［Temperance］、正义［Justice］）抗击诸如愚昧［Ignorance］、贪婪［Avarice］、怨恨［Malice］和懒惰［Inertia］等恶的力量。

图 18：吉奥达诺，《艺术和科学的保护女神密涅瓦》（Luca Giodano, *Minerva as Protectress of the Arts and Sciences*, London, National Gallery L894. On loan from the collection of Sir Denis Mahon since 1999）

伴随着作为文艺复兴之特征的对艺术和人类奋斗的兴趣重燃,雅典娜获得了更为深远的意义,她是艺术、学识和科学的捍卫者,也是人类奋斗的象征。这位女神持续的寓意魅力显见于图18《艺术和科学的保护女神密涅瓦》中,这幅画由吉奥达诺创作于17世纪80年代早期,画中她把知识的钥匙交给理智(Intellect),同时将一把锤子交给技工(Artifice and Industry)。在这种氛围中,关于她诞生的神话有了新的意

图19:雅典娜在金雨中诞生,梅耶,《出逃的阿塔兰忒》(Athena's birth in a golden shower, Michael Maier, *Atalanta Fugiens*. Reproduced by permission of Glasgow University Library, Department of Special Collections)

义，象征着艺术和发明之神从大脑中出现。在图 19 这幅由梅耶（Michael Maier）所作的 17 世纪的画作中，雅典娜的诞生被描绘为一项炼金术的成就，女神在金雨中从宙斯的头颅出现，而赫菲斯托斯（"火"）正把他的斧子从宙斯的头上移开。

雅典娜的象征潜能使她在 16 和 17 世纪与一系列女性统治者联系起来。在布莱内尔哈塞特（Thomas Blenerhasset）的《真正的密涅瓦的启示》（*A Revelation of the True Minerva*，1582）中，伊丽莎白一世（Elizabeth I）被描绘为"新密涅瓦"，从她身上"看到了当今世界最伟大的女神"。最重要的是，雅典娜/密涅瓦的形象与一系列法国的女性摄政王有关，她们代表他们年幼的儿子执政：凯瑟琳·德·美第奇（Catherine de' Medici，在位时间 1560—1571 年），查理九世（Charles IX）统治时期的摄政王；玛丽·德·美第奇（Marie de' Medici，在位时间 1610—1617 年），路易十三（Louis XIII）的摄政王；还有奥地利的安娜（Anne of Austria，在位时间 1642—1652 年），路易十四（Louis XIV）统治时期的摄政王。这些女王被分别描绘为女神的被保护人，甚或被描绘为有着她的属性。雅典娜/密涅瓦的形象在涉及这些摄政王时尤其强大，因为萨利克继承法（Salic Law）禁止女性继承王位，而雅典娜的形象有助于颠覆视女性统治者为异类的固有观念。

与这些摄政王相关的雅典娜形象，其吸引力可以通过鲁本斯（Rubens）为玛丽·德·美第奇创作的一系列绘画作品反映出来，其中雅典娜被展现为她的保护者。在一幅画中，她教她阅读，另一幅画中则在她逃离布洛瓦（Blois）时为她护驾。在最后一幅画中，玛丽被描绘得几乎已从受雅典娜庇护的人变为这位女神的化身。玛丽被描绘为在战斗中获胜，戴着头盔，拿着盾牌，持有双翼的胜利女神（Victory），战利品在她脚下。这几乎是已经将玛丽画成了雅典娜，只不过她的右胸裸露着，这一细节平衡了战士属性和母性特质——玛丽是一位胜利的领袖，同时也是一位代表她年幼的儿子执政的母亲。

雅典娜在这一语境中是一个方便利用的形象，使玛丽能够被设想为一位赞成父权制的强有力的女性。玛丽作为一位以国家利益为重的强大女性，雅典娜的形象提供了一种帮助其统治合法化的手段。如此一来，她作为道德价值观化身的后古典功能被援引，一如强大女性的古典形象，她们支持文明的、男性的价值观。

雅典娜的寓意价值如此普及，以至于她能"幸免于"法国大革命（the French Revolution）。当其他异教神的雕像一如基督教的上帝从法国消失时，雅典娜继续作为新制度的基本美德之一的象征而存在——自由女神（Liberty）。一尊女神的雕像伫立在革命广场（the Place de la Révolution），它在那里守望着断头台。她与法国政治的联系如此密切，以至于她的形象在大革命后蓬勃兴盛起来，她被接纳为道德与政治科学部（the Classe des Sciences morales et politiques）的守护神，该部门成立于1797年，旨在促进文化研究，并且在后革命初期更广泛地提供稳定力量。

这些来自法国16—18世纪的例子，展现了雅典娜的一个最为迷人有趣的面貌：她能够与特定个体和群体相关联，并最终超越任何单一派别。某种意义上而言，她在法国的角色呈现了一种对其在古代雅典角色的延续——在雅典，她与僭主的亲密联系并没有妨碍她被接纳为新兴民主制的保护神。作为一个国家的形象，雅典娜偏爱杰出的个体和群体，但以她的象征性魅力，她也超越了任何单一派别。

如此，便确立了雅典娜在西方文化适当领域的主导地位。除法国外，她也在许多城市有着一席之地。例如，布达佩斯广场上有一尊她的雕像，维也纳的议会大厦外也有一尊。巴斯的维多利亚艺术馆（The Victoria Art Gallery）饰有女神的形象，并且如我们所见，在卡迪夫的老图书馆顶部也有一尊女神半身像（第3页）。她的形象也在塑造对其他武装女性的表现中发挥了作用，包括美利坚民族的象征自由女神像，以及不列颠民族的挂名首脑不列颠尼亚（Britannia），后者是一位戴着头盔的女性，拿着橄榄枝，其形象如今在50便士硬币上仍能看到。对雅典娜的两则新近利用，展现了她持续的象征性魅力。罗斯（Philip Roth）的小说《人性的污点》（*The Human Stain*, 2000）中一座虚构的美国大学被命名为雅典娜。同时，近年来伦敦警察局也将雅典娜作为"种族和暴力犯罪专案组"的挂名首脑，该工作组旨在打击仇恨犯罪。工作组的名字叫作"雅典娜行动组"，用他们的话说就是"为希腊的智慧和城邦女神而战"（www.met.police.uk/police/mps/athena/ athena5.htm）。

文学中的雅典娜

雅典娜的象征潜能，结合她看似矛盾的天性，激发了许多文学作品的灵感。这一部分将考察三个例子，它们都因其作为象征的潜能尤其利用了她的诞生，弥尔顿的《失乐园》（*Paradise Lost*，1667年版）、卡拉索（Roberto Calasso）的《卡德摩斯与哈尔摩尼的婚姻》（*Marriage of Cadmus and Harmony*，英译本1993）以及班维尔（John Banville）的《雅典娜》（*Athena*, 1995）。

尽管雅典娜作为一个道德价值观和美德的象征有着持久的

吸引力,在《失乐园》中,她却是罪(Sin)的原型,是撒旦的女儿。她的诞生神话是弥尔顿改编的一系列古代故事之一,他用这些创造了一个基督教化的史诗宇宙,其中,异教的神是堕落天使(Fallen Angels)和其他存在的原型。撒旦为了破坏上帝新创造的亚当和夏娃而从地狱来到地面,途中他遇到了拿着地狱之门钥匙的"蛇女巫"(Snakie Sorceress)(2.724),结果发现他的女儿罪才是那个异兆:

所以你忘了我么,我看起来

如今在你的眼中如此丑恶么,曾经在天堂

被认为美丽非常,在集会上,只见

众撒拉弗与你联手

大胆密谋反对天堂的王,

突然间剧烈的痛苦

使你大吃一惊,昏花你的双眼,在黑暗中

头晕目眩,同时你的头烧得阵痛,

向外快速冒着火星,直到左边洞开,

是身形和容貌像你一样姣好的我,一位女神全副武装

从你的头颅中跳出:惊愕攫住了

所有天堂的主人;他们起初害怕地后退,

唤我为罪,并把我作为

不祥之兆。

(747—761)

罪的诞生,与《荷马颂诗第 28 首》中雅典娜那令聚集在现场诸神为之震惊的现身相似(第一章)。与雅典娜类似的另一处是罪与她父亲特别的关系,只不过弥尔顿将之描绘成了乱伦:

亲密渐生,

我讨人欢心,用诱人的秋波赢得

最讨厌我的人,那多半是你,你常常

在我身上看到你完美的形象,

因而为我倾心,同我隐秘地

贪欢行乐。

(761—766)

雅典娜的古代造像最为突出的一个特征,就是她与其父亲的亲密关系,这被弥尔顿呈现得如此亲密,以至于成了乱伦。

从 17 世纪的史诗,我们移步至 20 世纪晚期的两部小说,第一部是卡拉索对古典神话的重新演绎,《卡德摩斯与哈尔摩尼的婚姻》。卡拉索利用了一系列神话，将欧罗巴为宙斯所诱拐的事件和她的兄长卡德摩斯与哈尔摩尼的婚姻为焦点。我们再次见到雅典娜，当她从天界向下望去，看到她父亲化为一只公牛，一个女孩骑在他的背上，并"对她的父亲为一个女孩所骑跨的景象而脸红"（3）。处女雅典娜在此处被设想为对她父亲的性行为感到窘迫。随后，她的故事以一种专注父女间的亲密甚至合一的方式进行叙述。当宙斯吞下墨提斯，"这个女婴便流进了宙斯的身体里"（225），她的女性特质隐藏在她的武器背后：

关于那个小姑娘的一切都是露着锋芒的；她的双眼，她的心智——如今她住在她父亲的头脑中——还有她头盔的尖端。每个女性的凹面都隐藏起来，正如她盾的反面。

（225）

与其父亲的"合一"感在她出生后被设想为近乎乱伦：

雅典娜出现在他头颅的裂缝中，她的武器闪着光，尼凯在她身边飞舞，手中拿着一顶王冠。

现在他也能看到她了：她正从她父亲身边走开。她转过头来默默致意,她是唯一一个直视他的神。他看到的究竟是他的女儿,还是他自己的形象在回望着他?

(226)

而当她在某种意义上是其父亲的复制品时,她也被设想为一个独立的存在,她出生后的第一个任务就是剥去自己身上的武器:

> 雅典娜是唯一这样一个存在:她在出生时没有抓住什么而是脱下了什么……她放下她的盾、她的头盔、她的标枪;她解下神盾……她动身前往特里同湖(Lake Tritonis)。在那里,她将自己浸入水中,如同在恢复她从未失去过的处身。但她要摆脱的是更深层次的亲密关系:她曾与她父亲的身体交混在一起的事实。

(226)

以这种与弥尔顿对罪之诞生的解释类似的方式,父亲和女儿间的关系是如此亲密,以至于个中有了乱伦之意味。当克莱芒和费尔米库斯在基督教早期世纪讨论雅典娜时,也强调了乱伦。这为我们提出了超出异教范畴、对雅典娜的父女关系之表现的一个反复出现的特征。在希腊宗教中,她与其父亲的关系传达了她自己与宙斯在众神中各自的地位。脱去其宗教架构，剩下的便是一幅近乎性变态的家族之爱的画面。

班维尔的《雅典娜》是三部曲中的第三部，三部曲还包括《证据之书》(*The Book of Evidence*, 1989)和《鬼魂》(*Ghosts*, 1993)，涉及艺术评论家蒙哥马利(Freddie Montgomery)——在书中他使用莫罗(Morrow)这个名字。因谋杀一位年轻女人而入狱后，第三部小说讲述了他与另一个年轻女人的爱情故事，这是一个不安又难以捉摸的女人，仅有一个名字"A"。小说讲述了莫罗以一种经常影射雅典娜的形象和神话的方式回望他与A的关系。一个反复出现的主题是雅典娜的诞生，其中莫罗被刻画为宙斯，而A则是雅典娜。起初，他"将你放在我的脑海中"(1)，同时A自己"准备好要跳出来……就像一个徘徊在离别边缘的人"(2)。随着他的叙述开始，"我脑海中的一道裂缝在恐慌中惊跳"(3)。他一直受着头疼的折磨(e.g. 4)。

与此同时，莫罗被委托来描述荷兰大师们的一系列以古典神话为主题的画作，其中最后一幅，一位叫作沃布林(Jean Vaublin)的画家描绘了雅典娜的诞生：

> 想想这些造物，这些非人类，这些天堂的居民。这个神头疼，他的儿子挥动了斧头，一个女孩儿跳出来，佩着弓和盾。

她正走向世界。她的猫头鹰飞在她前面。那是黄昏。看这些云，看这无垠的望不透的天空。剩下的就是这些……一切都变了，一切还一如既往。

（232）

雅典娜诞生的母题抓住了莫罗和 A 之间关系之紧密，同时把它描述为某种转瞬即逝的事物——女孩总是在离开的边缘。这也将这段关系呈现为某种变态关系，因为莫罗和 A 的年龄差使他们近似父女。在班维尔的小说中，雅典娜的诞生被设想为既使人痛苦又具有创造性。以这种二元性，它成为莫罗和 A 的关系原型，他们的关系不健康且短暂，但同时又能带来心灵上的慰藉。《雅典娜》，连同本节考察的其他两部作品，共同展现了对雅典娜诞生神话的持续兴趣。人们将其作为一件迷人而不寻常的事，在父亲和女儿之间建立起一种独一无二的亲密关系——一种在不同程度上被表现为乱伦的关系。

女权主义与性别理论

雅典娜独特地混合了女性和男性的属性及关注点，在关于性别和女权主义学术的写作中产生了一系列反响。一个小小的雅典娜青铜小像是弗洛伊德的个人收藏中最珍爱的物品之一（见本章开头所引文段）。这位女神在一定程度上概括了他的性别理论。在一份可追溯至1922年的手稿中，他将美杜莎的头作为阉割的象征，因其具有作为一个源于男性焦虑之形象的吸引力：

> 这一恐惧的象征由处女神雅典娜穿戴在她的衣裙上。而理应如此，因为这样一来，她就变成了一个不可接近的女人，排斥一切性欲——因为她展现了母亲可怕的生殖器。
>
> （1981: 274）

在女权主义的写作中，涉及如何解读雅典娜的形象时，我们可见一种"分裂"。对一些人而言，她是一个赋权的形象，表现了父权制下潜在的女性权力。对其他人而言，她是极端的父权制性质的叛徒——这位强大的女性，运用她的力量促进和推动的是男性，而非与她同性别的其他女性。

巴霍芬树立了一个雅典娜形象，这一形象自他的《母权》（*Das Mutterrecht*）于19世纪出版后经久不衰。正如我们在第二章中看到的那样，雅典娜正是在此处被呈现为"父权"的代理人，她对奥瑞斯忒斯的支持和对复仇三女神的安抚，帮助开创了"阿波罗时代"——这是一个由奥林波斯诸神和人类男性主宰的新体系。在巴霍芬看来，雅典娜代表父权制的介入，标志着人类进步的一项必然发展。在随后的学术研究中，他的思想为人们所接受，却带上了一抹女权主义色彩。他描述的原始母权社会看起来反而是一个黄金时代，一个值得赞颂的理想世界。这一女权主义的重新解释，是对雅典娜在向父权制过渡中作用的重新评价。在20世纪早期，如我们所见（第二章），哈里森将雅典娜设想为父权制的"叛徒"，一个"迷失的领袖"，因其与男性勾结，她变得反常甚至不讨人喜欢："我们不能爱一个从根本上忘记了她源自大地母亲（the Earth）的女神"（1903: 303—304）。类似的思想也呈现在更为晚近的写作中。法国女权主义者/精神分析学家伊利格瑞（Luce Irigaray）从雅典娜对奥瑞斯忒斯的促进中，看出某种"仍然极为现代"的意味。"在各个地方"，她写道，"每一位符合常规、从父王头颅中生产出来的雅典娜仍在涌现……她们完全是父王的佣兵"（Irigaray 1991: 37）。与此同时，里奇（Adrienne Rich）在一次于史密斯女子学院对女性的演讲中，警告年轻女性不要被"关于这位'特殊'女性的神话所欺骗，这没有母亲的雅典娜是从她父亲的额上跳出来的"（1985: 121）。

另一方面，其他女权主义作家从雅典娜与父权制的密切关系中找到了慰藉，甚至发展到了重将这位女神立为强大女性之象征的地步。唐宁（Christine Downing）探讨了她自己作为一名女性/学者，在生活和工作中与雅典娜不断变化的"关系"。她叙述了自己对女神不断演变的理解如何帮助她在一个男性主导的世界中，与那些焦虑情绪和解（1981）并成为一名智慧的女性。同时，希勒（Anne Shearer）对女神的荣格主义研究优先考虑了雅典娜的女性甚至是女性中心主义特征，在她身上能够看到古代女性力量的原型意象，而不仅仅是宙斯或父权制的一个工具。用希勒的话说，她"确保了古代女性在父权的宝座上得到尊重"（1996: 59）。

对雅典娜的女性主义利用，在许多20世纪晚期创立的"雅典娜计划"中有着相似的例子，这些项目都旨在促进女性参与传统上属于男性的领域，如数学、科学和技术。其中一个"雅典娜计划"启动于1999年，为英国高等教育中科学、技术和工程领域中的女性提供帮助。与此同时，在美国，位于加州的"雅典娜计划"旨在帮助年轻女性获得数学和科学领域的继续教育机会。另一个"雅典娜计划"由华盛顿州提案，旨在发展学校的科学、数学和技术学科。这些创新延续了将雅典娜与女子教育机构相关联的重要传统，包括伦敦的贝德福德学院（Bedford College），以及最重要的宾夕法尼亚州的布林莫尔学院（Bryn

Mawr College)。一件雅典娜·莱姆尼亚的复制品（图9①）自1906年以来一直为该学院所有。在它现在的家托马斯楼（the Thomas Building）中，学生们甚至"崇拜"这位女神，留下供品并请求女神在他们的学业上提供帮助。

女权主义中关于雅典娜的这种"分裂"的解读，使我们得以再次强调这位女神的二元性。作为一个拒绝男性统治的强大女性，她在男性主导的古希腊世界中占据重要地位，并被视为一个女性赋权的象征。另一方面，对其他人而言，她又是其性别的叛徒，与男性合谋压迫女性。

小结

我们对雅典娜的研究就这样结束了。并未出现一个女神的现代版本。这样一位以其多面天性为特质的古代神祇，正如我们所期待的那样，她的形象在数个世纪以来为人们以多种方式利用。起初她被采纳为某种圣母玛利亚的前身，随后融入了基督教的价值观体系，她与智慧和手工艺的联系使她成为一个可行的伦理象征。她作为城邦和市政机构保护神的职能，为许多现代文本所利用，以至于雅典娜的各种形象，如今可在无数西

---
① 应为"图12"——译注。

方城市的公共艺术中寻得。她那独特的男性和女性的混合特质，有助于确保其在女权主义思想中继续发挥作用。她那变形的女性特质被以各种方式利用，以证明女性的从属关系，并成为一个女性在传统男性领域的赋权形象。

拓展阅读

这个指南将列出一系列作品，特别关注那些与本书中所探讨的材料相关的作品。关于雅典娜更为广泛的参考书目，收录在 Deacy 与 Villing（2001b）。

为什么是雅典娜？

简要的介绍性综述，参见 Parker（1996a）在《牛津古典学辞典》（*Oxford Classical Dictionary*）中的词条，再版于 Price 与 Kearns（2003），68—70 页。对女神的简明介绍，见 Burkert（1985），139—143 页。雅典娜在艺术中的形象，涵盖于《古典神话肖像学辞典》（*Lexicon Iconographicum Mythologiae Classicae*, Demargne 1984）的雅典娜（Athena）条目中。关于雅典娜的一众属性中，神盾广为人们所讨论。新近的讨论包括 Vierck（1997）和 Robertson（2001）。互联网是一个信息

库,而一如关于希腊宗教和神话中的任何话题那样,有些网站应当谨慎使用。最为丰富的在线资源是"雅典娜女神圣地"(*The Shrine of the Goddess Athena*, http://www.goddess-athena.org/)。沃夫(Woff)妙趣横生的书(1999)为孩子们重新讲述了与雅典娜相关的神话。

雅典娜的诞生

关于近东对希腊文化的影响,两部主要作品是 Burkert(1992)和 West(1999)。Penglase(1994)探索了雅典娜诞生故事的美索不达米亚前身,尤其在第十章中。对她的正面描绘,见 Frontisi-Ducroux(1989)。Sydinou(1986)和 Neils(2001b)考察了雅典娜与宙斯的联系。权力继承的神话,尤其赫西俄德的版本,是人们广泛讨论的主题。见如 Detienne 与 Vernant(1978),107—130页;以及从性别角度出发的,Arthur(1982),Doherty(1995),1—8页,以及 Thomas(1998)。

追踪雅典娜的起源

对于"女神理论"的评论呈现在 Goodison 与 Morris(1998)

以及 Eller（2000）中。Goldhill（1992）探索了雅典娜在《奥瑞斯忒亚》中的作用，包括她与克吕泰涅斯特拉的关系。关于伯纳尔提出的雅典娜来自奈特的理论，见如 Jasanoff 和 Nussbaum（1996）。Bernal（2001）是对他们批评的回应。Teffeteller（2001）研究了雅典娜与赫梯阿丽娜的太阳女神之间的相似性。Allen（2001）比较了雅典娜在《奥德修纪》中的干预和印度女神杜尔迦（Durgā）在《摩诃婆罗多》（*Mahābhārata*）中的介入，这证明了印欧语系学者阐明雅典娜之起源的潜力。

从起源到功能：众神间的雅典娜

受结构主义影响或"巴黎学派"的雅典娜研究，包括 Detienne（1971—1972）、Detienne 与 Vernant（1978, esp. section IV）以及 Darmon（1991）。Deacy（2000）评估了雅典娜与阿瑞斯之间的结构主义对立。Robertson（1996）探索了雅典娜作为一位海神的职能，关于她与海角的联系。一个从不寻常视角对雅典娜战士造像的研究呈现于 Milanezi（2001），探讨了她与笑声的关系。Serghidou（2001）探索了她的另一影响范围，尤其关注了她与奥洛斯管和萨尔平克斯号（salpinx，战争号角）的关系。

男性英雄、女性英雄与特洛亚战争

Papadopoulou（2001）探讨了雅典娜与戏剧中各位英雄的关系，特别是与赫拉克勒斯和埃阿斯。Griffiths（2005）35—36页探索了美狄亚作为伊阿宋帮助者的作用。关于雅典娜—奥德修斯的关系，见 Clay（1983）和 Pucci（1987）。Deacy（2005）探索了雅典娜与赫拉克勒斯的关系。Spence（2001）通过一则对帕拉斯在《埃涅阿斯纪》（*Aeneid*）中职能的考察，研究了女神与史诗英雄的关系。

雅典娜在雅典：保护者、象征与"母亲"

以整本书的篇幅考察雅典宗教的本质，见 Parker 的主要研究（2005）。Deacy（2007）则带来了一章篇幅的阐释。Hurwit（1999）探索了雅典历史和神话中的雅典卫城。Herington（1963）探索了雅典娜在雅典文学中的作用，包括梭伦残篇4。关于厄里克托尼奥斯的神话，见 Parker（1987）、Loraux（1993）以及 Deacy（1997a）。各种文献便利地整合于 Powell（1906）。关于喀尔凯亚节，见 Simon（1983），38—39页。关于阿瑞波里亚的研究，包括Robertson(1983)、Boedeker(1984)以及Rosenzweig(2004)，45—58页。关于赫淮斯特翁，这座雅典娜与赫菲斯托斯共有的神庙，见Harrison(1997a)、(1997b)和(1997c)。Wagner(2001)讨论了雅典娜在城邦宗教生活中的地位，这种宗教生活随着在卫城的献祭活动而兴起。Karanika(2001)提供了一个有趣的视角，考察了荷马史诗阐明宗教实践的潜能，尤其是泛雅典娜节。Villing(1992)[2007]研究了雅典娜在雅典花瓶上的肖像。

早期雅典的历史

Hurwit(1999)13—14页、67—84页讨论了雅典娜与迈锡尼卫城可能的联系。关于两则雅典娜与厄瑞克透斯的荷马文献，见Parker(1996b)，19—20页。Hurwit(1999)99—136页考察了公元前600—前480时期。关于泛雅典娜节，见Neils(1992)和Neils(1996)。Shapiro(1989)探索了雅典崇拜在庇西斯特拉图家族统治下的变革。关于庇西斯特拉图与佩伊的战车之旅，见Connor(1987)和Sinos(1993)。Boardman(1972)探讨了赫拉克勒斯在6世纪雅典的受欢迎程度。关于庇西斯特拉图家族统治下的雅典娜硬币，见van der Vin(2000)。

一切关涉雅典娜？古典时代的雅典卫城

Hurwit（1999）138—245 页和 Hurwit（2004）考察了古典时代的雅典卫城。Blundell（1998）探索了呈现在帕特农神庙中的性别形象。Deacy（1997b）探讨了阿玛宗女战士及其与雅典娜的关系。对于帕特农神庙的研究包括 Beard（2002）和 Neils（2005）。康奈利关于饰带的理论见于 Connelly（1996）。其他对于饰带及其解释的叙述包括 Jenkins（1994）和 Neils（2001a）。在 Woodford（2003）220—229 页中有着颇具洞察力的概述。关于雅典娜帕特农的雕塑，见 Leipen（1971）。Llewellyn-Jones（2001）研究了古典时代的雅典艺术所表现的女神的身体。Loraux（1992）提出了关于希腊女神研究的解释性问题，雅典娜也包括其中。Altripp（2001）及（2007）探索了自四世纪以降对雅典娜的表现。

更广阔的希腊世界

对遍及希腊世界的众雅典娜崇拜的主要研究是 Villing（1998a）。Villing（1997）讨论了斯巴达的雅典娜崇拜。排钟"谜情"是 Villing（2002）的主题。关于阿耳戈斯和卡利马科斯《沐浴的帕拉斯》，见最近的 Morrison（2005）。对于雅典娜·阿莱亚圣殿的研究包括 Voyatzis（1990）和 Voyatzis（1998）。对于其他地点的讨论包括 Ritter（2001）和 Villing（1997）的科林多、Williams 与 Schaus（2001）的斯廷帕罗斯（Stymphalos）、Higbie（2001）的林多斯、Faita（2001）的佩伽蒙（Pergamon）、Carter（1983）的普里埃涅（Priene）以及 Mathiopoulos（2001）的托勒密埃及（Ptolemaic Egypt）。Schachter（1981）和 Deacy（1995）讨论了雅典娜的波奥提亚崇拜。Villing（1998b）和 Işik（2004）考察了东部希腊世界。Graf（2001）探索了雅典娜与密涅瓦的关系。

基督教的崛起与后古典时代的世界

　　Warner（1996）和 Shearer（1996）研究了自古代以来的雅典娜形象。Deacy 与 Villing（2001a）考察了表现和学术的一些主要趋势。Shearer（1996）第六章和第七章探讨了早期基督教对雅典娜的利用。关于玛丽亚/雅典娜在君士坦丁堡的显灵，见 Grosby（1996）。Shearer（1996）第八章研究了雅典娜在后古典世界中的寓意魅力。关于曼特纳的《将罪恶从美德花园中驱逐》（*Expulsion of the Vices from the Garden of the Virtues*），见 Warner（1996），151—152 页。雅典娜形象与艺术、学识和科学的关联，在 Spaanstra-Polak（1973）中得到了阐述。

May（1984）探讨了包括玛丽·德·美第奇在内的女性统治者。更多关于玛丽·德·美第奇，见 Thuillier（1970）。关于后革命时代法国的雅典娜/密涅瓦形象，见 Staum（1996）。Warner（1996）47—48 页探索了不列颠尼亚与雅典娜的关系。Karentzos（2001）探索了对雅典娜的接纳的另一方面，即她在 19 世纪和 20 世纪交替之时，为维也纳的分离派运动艺术家所利用（包括克林姆特［Klimt］和斯塔克［Stuck］）。

弗洛伊德在其 1922 年的手稿中关于美杜莎的想法包含在 Freud（1981）。Doherty（2001）第二章探索了精神分析对于希腊神话研究的适用性。Downing（1981）和 Shearer（1996）呈现了对雅典娜女权主义的重新评估。Irigaray（1991, 37）探讨了雅典娜"赋权"程度较低的方面。

参考文献

Allen, N. (2001), "Athena and Durgā: Warrior Goddesses in Greek and Sanskrit Epic", in Deacy and Villing (2001), 367–382.

Altripp, I. (2001), "Small Athenas: Some Remarks on Late Classical and Hellenistic Statues", in Deacy and Villing (2001), 181–195.

Altripp, I. (2007), *Athenastatuen der Spätklassik und des Hellenismus*, Cologne and Weimar.

Arthur, M.B. (1982), "Cultural Strategies in Hesiod's *Theogony*", *Arethusa* 15, 63–82.

Atwood, M. (1976), *Lady Oracle*, Toronto.

Bachofen, J.J. (1967), "Mother Right: An Investigation of the Religious and Juridical Character of Matriarchy in the Ancient World", in *Myth, Religion and Mother Right: Selected Writings*, London, 67–207.

Banville, J. (1995), *Athena*, London.

Banville, J. (1989), *The Book of Evidence*, London.

Banville, J. (1993), *Ghosts*, London.

Baring, A. and Cashford, J. (1991), *The Myth of the Goddess: Evolution of an Image*, London.

Beard, M. (2002), *The Parthenon*, London.

Bernal, M. (2001), *Black Athena Writes Back: Martin Bernal Responds to his Critics*, Durham and London.

Blundell, S. (1998), "Marriage and the Maiden: Narratives on the Parthenon", in Blundell, S. and Williamson, M. (eds), *The Sacred and the Feminine in Ancient Greece*, London and New York, 47–70.

Boardman, J. (1972), "Herakles, Peisistratos and Sons", *Revue Archéologique* 57–72.

Boedeker, D.D. (1984), *Descent from Heaven: Images of Dew in Greek Poetry and Religion*, Chico, Calif.

Burkert, W. (1985), *Greek Religion: Archaic and Classical*, Oxford.

Burkert, W. (1992), *The Orientalizing Revolution: Near Eastern Influence on Greek Culture in the Early Archaic Age*,

Cambridge, Mass.

Calasso, R. (1993), *The Marriage of Cadmus and Harmony*, London.

Carpenter, T.H. (1991), *Art and Myth in Ancient Greece*, London.

Carter, J.C. (1983), *The Sculpture of the Sanctuary of Athena Polias at Priene*, London.

Clay, J.S. (1983), *The Wrath of Athena: Gods and Men in the Odyssey*, Princeton.

Connelly, J.B. (1996), "Parthenon and Parthenoi: A Mythological Inter-pretation of the Parthenon Frieze", *American Journal of Archaeology* 100, 53–80.

Connor, W.R. (1987), "Tribes, Festivals and Processions: Civic Ceremonial and Political Manipulation in Archaic Greece", *Journal of Hellenic Studies* 107, 40–50.

Cook, A.B. (1914–1940), *Zeus: A Study in Ancient Religion*, Cambridge, 3 vols., in 5 parts.

Daraki, M. (1980), "Le héros *àmenos* et le héros *daimoni isos*: une polarité homerique", *Annali della Scuola Normale Superiore de Pisa*, 10, 1–24.

Darmon, J.-P. (1991), "The Powers of War: Ares and Athena in Greek Mythology", in Bonnefoy, Y. (ed.), *Greek and Egyptian Mythologies*, Chicago and London, 114–115.

Deacy, S.J. (1995), "Athena in Boiotia: Local Tradition and Cultural Identity" in Fossey, J. (ed.), *Boiotia Antiqua V: Studies on Boiotian Topography, Cults and Terracottas*, Amsterdam, 91–103.

Deacy, S.J. (1997a), "The Vulnerability of Athena: Parthenoi and Rape in Greek Myth" in Deacy, S.J. and Pierce, K.F. (eds), *Rape in Antiquity: Sexual Violence in the Greek and Roman Worlds*, London, 43–63.

Deacy, S.J. (1997b), "Athena and the Amazons: Mortal and Immortal Femininity in Greek Myth", in Lloyd, A.B. (ed.), *What is a God? Studies in the Nature of Greek Divinity*, London, 285–298.

Deacy, S.J. (2000), "Athena and Ares: War, Violence and Warlike Deities", in van Wees, H. (ed.), *War and Violence in Ancient Greece*, London and Swansea, 285–298.

Deacy, S.J. (2005) "Herakles and his 'Girl': Heroism, Athena and Beyond", in Rawlings, L. and Bowden, H. (ed.), *Herakles and Hercules: Exploring a Graeco-Roman Deity*, Swansea, 37–50.

Deacy, S.J. (2007),"'Famous Athens, Divine Polis': the

Religious System in Athens" in Ogden, D. (ed.), *A Companion to Greek Religion*, Oxford, 221–235.

Deacy, S.J. and Villing, A.C. (2001) *Athena in the Classical World*, Leiden, Boston and Cologne.

Deacy, S.J. and Villing, A.C. (2001a), "Athena Past and Present: An Introduction", in Deacy and Villing (2001), 1–25.

Deacy, S.J. and Villing, A.C. (2001b), "Bibliography of Work Pertaining to Athena", in Deacy and Villing (2001), 383–395.

Demargne, P. (and Cassimatis, H.) (1984), "Athena", in *Lexicon Iconographi- cum Mythologiae Classicae* 2, Munich and Zurich, 955–1044.

Detienne, M. (1971–1972), "Athena and the Mastery of the Horse", *History of Religions* 11, 161–184.

Detienne, M. and Vernant, J.-P. (1978), *Cunning Intelligence in Greek Culture and Society*, Brighton.

Doherty, L.E. (1995), *Siren Songs. Gender, Audiences, and Narrators in the Odyssey*, Ann Arbor.

Doherty, L.E. (2001), *Gender and the Interpretation of Classical Myth*, London.

Dougherty, C. (2005), *Prometheus*, London and New York.

Dowden, K. (2006), *Zeus*, London and New York.

Downing, C. (1981), "Dear Grey Eyes: A Revaluation of Pallas Athene", *Southern Humanities Review* 15.2, 97–118.

Eller, C. (2000), *The Myth of Matriarchal Prehistory: Why an Invented Past Won't Give Women a Future*, Boston.

Faita, A.S. (2001), "The Medusa-Athena Nikephoros Coin from Pergamon", in Deacy and Villing (2001), 163–179.

Farnell, L.R. (1896–1909), *The Cults of the Greek States*, Oxford, 5 vols.

Freud, S. (1981), "Medusa's Head", in *Standard Edition of the Complete Psychological Works*, vol. 18, *Beyond the Pleasure Principle, Group Psychology and Other Works*, 1920–1922, London, 273–274.

Frontisi-Ducroux, F. (1989), "In the Mirror of the Mask", in Bérard, C. et al., *A City of Images: Iconography and Society in Ancient Greece*, Princeton, 151–165.

Goldhill, S. (1992), *Aeschylus: The Oresteia*, Cambridge.

Goodison, L. and Morris, C. (1998), *Ancient Goddesses: The Myths and the Evidence*, London.

Graf, F. (2001), "Athena and Minerva: Two Faces of One

Goddess?", in Deacy and Villing (2001), 127–139.

Griffiths, E. (2005), *Medea*, London.

Grosby, S. (1996), "The Category of the Primordial in the Study of Early Christianity and Second-Century Judaism", *History of Religions* (36), 140–163.

Hall, E. (1996), "When is a Myth Not a Myth? Bernal's 'Ancient Model'", in Lefkowitz, M.R. and Rogers, G.M. (eds), *Black Athena Revisited*, Chapel Hill and London, 333–348.

Harrison, E.B. (1977a), "Alalkamenes' Sculptures for the Hephaisteion: Part I. The Cult Statues", *American Journal of Archaeology* 81, 137–178.

Harrison, E.B. (1977b), "Alalkamenes' Sculptures for the Hephaisteion: Part II. The Base", *American Journal of Archaeology* 81, 265–287.

Harrison, E.B. (1977c), "Alalkamenes' Sculptures for the Hephaisteion: Part III. Iconography and Style", *American Journal of Archaeology* 81, 411–426.

Harrison, J.E. (1903), *Prolegomena to the Study of Greek Religion*, Cambridge.

Hegel, G.W.F. (1956) [1899], *Philosophy of History*, New

York.

Herington, C.J. (1955), *Athena Parthenos and Athena Polias*: *A Study in the Religion of Periclean Athens*, Manchester.

Herington, C.J. (1963), "Athena in Athenian Literature and Cult", in Hooker, G.T.W. (ed.), *Parthenos and Parthenon*, Oxford, 61–73.

Higbie, C. (2001), "Homeric Athena in the Chronicle of Lindos", in Deacy and Villing (2001), 105–125.

Hurwit, J. (1999), *The Athenian Acropolis*, Cambridge.

Hurwit, J. (2004), *The Acropolis in the Age of Pericles*, Cambridge.

Irigaray, L. (1991), "The Bodily Encounter with the Mother", in Whitford, M., *Luce Irigaray: Philosophy in the Feminine*, London and New York, 34–46.

Işik, F. (2004), "Zur anatolischen Athena im Lichte der Athena Ergane von Ilion under der Athena Nikephoros von Pergamon", *Istanbuler Mitteilungen* 54, 507–518.

Jasanoff, J. and Nussbaum, A. (1996), "Word Games: The Linguistic Evidence in *Black Athena*", in Lefkowitz, M.R. and Rogers, G.M. (eds), *Black Athena Revisited*, Chapel Hill and

London, 177–205.

Jenkins, I.D. (1994), *The Parthenon Frieze*, London.

Just, R. (1989), *Women in Athenian Law and Life*, London and New York. Karanika, A. (2001), "Memories of Poetic Discourse in Athena's Cult Practices", in Deacy and Villing (2001), 277–291.

Karentzos, A. (2001), "Femininity and 'Neur Mythos': Pallas Athena in Turn of the Century Art", in Deacy and Villing (2001), 259–273.

Leduc, C. (1996), "Athéna et Héraklès: une parenté botanique?", in Jourdain- Annequin, C. and Bonnet, C. (eds), *IIe Rencontre Héracléenne*: *Héraklès, les femmes et le féminine*, Brussels, 259–266.

Leipen, N. (1971), *Athena Parthenos: A Reconstruction*, Ontario.

Llewellyn-Jones, Ll. (2001), "Sexy Athena: The Dress and Erotic Representa-tion of a Virgin War-Goddess", in Deacy and Villing (2001), 233–257.

Loraux, N. (1992), "What is a Goddess?", in Schmitt Pantel, P. (ed.), *A History of Women in the West* 1, *From Ancient Goddesses to Christian Saints*, Cambridge, Mass. and London, 11–44, 481–

489.

Loraux, N. (1993), *The Children of Athena: Athenian Ideas about Citizenship and the Division Between the Sexes* (Princeton).

Mathiopoulos, E. (2001), "On the Transformation of the Athena Velletri Type in Hellenistic Alexandria", in Deacy and Villing (2001), 197–217.

May, L.A. (1984), *Above Her Sex: The Enigma of the Athena Parthenos in Popular Religion. Visible Religion* 3, Leiden, 106–130.

Milanezi, S. (2001), "Headaches and Gnawed *Peplos*: Laughing With Athena", in Deacy and Villing (2001), 311–329.

Millett, K. (1971), *Sexual Politics*, London.

Morrison, A.D. (2005), "Sexual Ambiguity and the Identity of the Narrator in Callimachus' *Hymn to Athena*", *Bulletin of the Institute of Classical Studies* 48, 27–46.

Neils, J. (ed.) (1992), *Goddess and Polis: the Panathenaic Festival in Ancient Athens*, Hanover/Princeton.

Neils, J. (ed.) (ed.) (1996), *Worshipping Athena: Panathenaia and Parthenon* (Madison).

Neils, J. (ed.) (2001a), *The Parthenon Frieze*, Cambridge.

Neils, J. (ed.) (2001b), "Athena: Alter Ego of Zeus", in Deacy and Villing, 2001, 219–232.

Neils, J. (ed.) ed. (2005), *The Parthenon: From Antiquity to the Present*, Cambridge.

Nilsson, M.P. (1925), *A History of Greek Religion*, Oxford.

Otto, W.F. (1954), *The Homeric Gods*, New York.

Owen, U. (ed.) (1983), *Fathers: Reflections by Daughters*, London.

Papadopoulou, T. (2001), "Representations of Athena in Greek Tragedy", in Deacy and Villing (2001), 293–231.

Parker, R.C.T. (1987), "Myths of Early Athens" in Bremmer, J.N. (ed.), *Inter-pretations of Greek Mythology*, London and Sydney, 187–214.

Parker, R.C.T. (1996a), "Athena", in Hornblower, S. and Spawforth, A.J.S. (eds), *The Oxford Classical Dictionary*, 3rd edn, Oxford, 201–2.

Parker, R.C.T. (1996b), *Athenian Religion: A History*, Oxford.

Parker, R.C.T. (2005), *Polytheism and Society at Athens*, Oxford.

Penglase, C. (1994), *Greek Myths and Mesopotamia*, London

and New York.

Polignac, F., de (1995), *Cults, Territory and the Origins of the Greek City-State*, trans. J. Lloyd. Chicago.

Powell, B. (1906), *Erichthonius and the Three Daughters of Cecrops*, Ithaca.

Price, S. and Kearns, E. (2003), *The Oxford Dictionary of Classical Myth & Religion* (Oxford).

Pucci, P. (1987), *Odysseus Polutropos*: *Intertextual Readings in the Odyssey and the* Iliad, Ithaca and London.

Rehak, P. (1984), "New Observations on the Mycenean Warrior Goddess", *Archäologischer Anzeiger*, 535–545.

Rich, A. (1985), "Commencement address at Smith College, 1979", in Dorenkamp, A.G. et al. (eds), *Images of Women in American Popular Culture,* San Diego and London.

Ritter, S. (2001), "Athena in Archaic Corinth: the Creation of an Iconography", in Deacy and Villing (2001), 143–162.

Robertson, N. (1983), "The Riddle of the Arrhephoria at Athens", *Harvard Studies in Classical Philology* 8, 241–288.

Robertson, N. (1996), "Athena and Early Greek Society: Palladium Shrines and Promontory Shrines", in Dillon, M. (ed.),

Religion in the Ancient World: New Approaches, Amsterdam, 383–475.

Robertson, N. (2001), "Athena as Weather Goddess: the *Aigis* in Myth and Ritual", in Deacy and Villing (2001), 29–55.

Rosenzweig, R. (2004), *Worshipping Aphrodite: Art and Cult in Classical Athens*, Ann Arbor.

Roth, P. (2000), *The Human Stain*, London.

Ruskin, J. (1890), *The Queen of the Air: Being a Study of the Greek Myths of Cloud and Storm*, Orpington and London.

Schachter, A. (1981), *Cults of Boiotia* 1: *Acheloos to Hera*, London, *sv. Athena*. Serghidou, A. (2001), 'Athena Salpinx and the Ethics of Music', in Deacy and Villing (2001), 57–74.

Shapiro, H.A. (1989), *Art and Cult under the Tyrants in Athens*, Mainz.

Shearer, A. (1996), *Athene: Image and Energy*, London.

Simon, E. (1983), *Festivals of Attica: An Archaeological Commentary*, Madison.

Sinos, R. (1993), "Divine Selection: Epiphany and Politics in Archaic Greece" in Dougherty, C. and Kurke, L. (eds), *Cultural Poetics in Archaic Greece: Cult, Performance, Politics*, New York and Oxford, 73–91.

Sourvinou-Inwood, C. (1993), "Early Sanctuaries, the Eighth Century and Ritual Space: Fragments of a Discourse", in Marinatos, N. and Hägg, R. (eds), *Greek Sanctuaries: New Approaches*, London, 1–17.

Spaanstra-Polak, B. (1973), "The Birth of Athena: An Emblematic Representa- tion", in Bruyn, J., Emmens, J. et al. (eds), *Album Amicorum J.G. van Gelder*, The Hague, 293–305.

Spence, S. (2001), Pallas/Athena in and out of the *Aeneid*, in Deacy and Villing (2001), 331–347.

Staum, M.S. (1996), *Minerva's Message: Stabilizing the French Revolution*, Montreal and London.

Sydinou, K. (1986), "The Relationship between Zeus and Athena in the *Iliad*", *Dodone* 15.2, 155–164.

Teffeteller, A. (2001), "Greek Athena and the Hittite Sungoddess of Arinna", in Deacy and Villing, 2001, 349–365.

Thomas, L. (1998), "Fathers as Mothers: the Myth of Male Parthenogenesis", in Spass, L. (ed.), *Paternity and Fatherhood: Myths and Realities*, London, 204–218.

Thuillier, J. (1970), *Rubens*' Life of Marie de' Medici, New

York.

van der Vin, J.P.A. (2000), "Coins at the time of Peisistratos", in Sancisi- Weerdenburg, H., *Peisistratos and the Tyranny: A Reappraisal of the Evidence*, Amsterdam.

Vernant, J.-P. (1979), *Myth and Society in Ancient Greece*, Brighton.

Vernant, J.-P. (1991), *Mortals and Immortals: Collected Essays*, Princeton.

Vierck, S. (1997), "Aegis" in *Lexicon Iconographicum Mythologiae Classicae* 8, Munich and Zurich, 510–515.

Villing, A.C. (1992) [2007] *The Iconography of Athena in Attic Vase-painting from* 440–370, MPhil thesis, University of Oxford. Published online at <http://archiv.ub.uni-heidelberg.de/propylaeumdok/volltexte/2007/ 36/>.

Villing, A.C. (1997), "Aspects of Athena in the Greek Polis: Sparta and Corinth", in Lloyd, A.B. (ed.), *What is a God? Studies in the Nature of Greek Divinity*, London, 81–100.

Villing, A.C. (1998a), *The Iconography of Athena in Mainland Greece and the East Greek World in the Fifth and Fourth Centuries*, DPhil thesis, University of Oxford.

Villing, A.C. (1998b), "Athena as Ergane and Promachos: The Iconography of Athena in Archaic East Greece", in van Wees, H. (ed.), *Archaic Greece: New Approaches and New Evidence*, London, 147–168.

Villing, A.C. (2002), "For Whom did the Bell Toll in Ancient Greece? Archaic and Classical Greek Bells at Sparta and Beyond", *Annual of the British School at Athens* 97, 223–296.

Voyatzis, M. (1990), *The Early Sanctuary of Athena Alea at Tegea*, Gothenburg.

Villing, A.C. (1998), "From Athena to Zeus: An A–Z Guide to the Origins of Greek Goddesses", in Goodison, L. and Morris, C. (eds), *Ancient Goddesses: The Myths and the Evidence*, London, 133–147.

Wagner, C. (2001), "The Worship of Athena on the Athenian Acropolis: Dedications of Plaques and Plates", in Deacy and Villing (2001), 95–104.

Warner, M. (1996), *Monuments and Maidens: The Allegory of the Female Form*, London.

West, M.L. (1999), *The East Face of Helicon: West Asiatic Elements in Greek Poetry and Myth*, Oxford.

West, M.L. (1983), *The Orphic Poems*, Oxford.

Williams, H. and Schaus, G. (2001), "The Sanctuary of Athena at Ancient Stymphalos", in Deacy and Villing (2001), 75–94.

Woff, R. (1999), *Bright-Eyed Athena in the Myths of Ancient Greece*, London.

Wolff, V. (1982), *The Diary of Virginia Woolf*, vol. 4 1931–1935, London.

Woodford, S. (2003), *Images of Myths in Classical Antiquity*, Cambridge.

索 引

（数字指原书页码）

大量希腊名称，按希腊语转写（例如，词尾使用 -os，以及写成 k 而非 c）。那些已约定俗成采用拉丁语转写的词语，采用了拉丁拼写（例如，Oedipus 而非 Oidipous）。

Achilleus 阿喀琉斯 11, 55, 69—70

Aegina 埃基那岛 124

Aegis 神盾 7, 23, 51, 54, 56

Aeschylus Eumenides 埃斯库罗斯《欧墨尼得斯》31, 37, 40

Aglauros 阿格劳洛斯 84—85

Aithra 埃特拉 72

Ajax 埃阿斯 60

Ajax the son of Oileus 厄琉斯之子埃阿斯 70

Akropolis 雅典卫城 74, 76, 78, 85—89, 96, 97, 98—103, 第七章各处, 131

Alalkomenai 阿拉尔克墨奈 124

Alalkomeneion 阿拉尔克墨涅昂 79

Aliphera 阿利佩拉 79

Alkmene 阿尔克墨涅 65

Altar of Athena Polias 雅典娜·波利阿斯的圣坛 98, 111

Altar of Hephaistos 赫菲斯托斯的祭坛 85

Amazons 阿玛宗女战士 31, 40, 112, 118

Amyklai 阿穆克莱 125

Anat 阿娜特 41, 135—136

Anu 阿努 20

Aphrodite 阿芙洛狄忒 5—6, 8, 68, 81—82, 89, 110, 141

Apollo 阿波罗 25, 27, 65, 108, 132, 133, 135—136

Apollodoros 阿波罗多洛斯 53

Aqua Sulis 苏丽丝泉 136

Arcadia 阿卡狄亚 79, 128, 130—131

Ares 阿瑞斯 6, 10, 54—58, 65

Argive Heraion 阿耳戈斯的赫拉神庙 125, 128

Argos 阿耳戈斯 97, 124, 125—126, 128—129

Arrhephoria 阿瑞波里亚 88, 117

Arrhephoroi 阿瑞波罗伊 88

Artemis 阿耳忒弥斯 132—133, 136

Astarte 阿施塔忒 41

At(h)ana 阿塔（哈）娜 95

Athena: 雅典娜·阿拉尔克墨内亚 Alalkomeneia 124; 阿莱亚 Alea 130—131; 雅克革忒斯 Archegetes 79; 玻莱亚 Boulaia 79; 卡尔基奥伊科斯 Chalkioikos 127; 宙斯所生的 Dios ekgegauia 18; 埃尔戈涅 Ergane 51, 111; 格劳考皮斯 Glaukopis 5, 17, 26—28; 赫淮斯忒亚 Hephaisteia 52, 143; 希庇亚 Hippia 48; 许革亚 Hygieia 5, 136; 许珀尔德克希亚 Hyperdexia 124; 考吕怀希亚 Koryphasia 48, 143; 墨利亚 Moria 78; 尼凯 Nike 5; 奥克西德尔科斯 Oxyderkes 128; 帕特农 Parthenos 5, 39; 普拉特里亚 Phratria 79; 波莱玛多刻 Polemadoke 124; 波里阿提斯 Poliatis 124; 波利阿斯 Polias 5, 39, 78, 99, 124, 128; 波里奥科斯 Poliouchos 124, 127; 足智多谋者 Polymetis 6, 30; 行迹广泛者 Polytropos 6; 普罗玛科尔玛 Promachorma 48; 普罗玛科斯 Promachos 5, 144; 普罗奈亚 Pronaia 132; 索特里亚 Soteiria 79, 136; 特里托革尼亚 Tritogeneia 5, 56; 佐斯特里亚 Zosteria 132

Athena Project/Project Athena 雅典娜计划 155

Athens 雅典 第五至七章各处

Attica 阿提卡 92, 97

Atwood, M. 阿特伍德 28

Auge 奥格 130—131

Aulos 奥洛斯管 6

Bachofen, J.J. 巴霍芬 9, 34, 37—38, 154

Banville, J. 班维尔 150, 152—153

Battle of Marathon 马拉松之战 102, 106, 115

Bedford College 贝德福德学院 155

Bellerophon 柏勒洛丰 6, 48, 125

birth 诞生 8, 第一章各处

Black Athena 黑皮肤的雅典娜 33, 41, 42

Blenerhasset, T. 布莱内尔哈塞特 147

Boiotia 波奥提亚 79, 124

Botticelli 波提切利 145

Britannia 不列颠尼亚 149

Bronze Age 青铜时代 97

Bryn Mawr College 布林莫尔学院 155

Burkert, W. 布尔克特 10, 47

Calasso, R. 卡拉索 150—151

Cardiff 卡迪夫 3, 149

Chalkeia festival 喀尔凯亚节 52

childbirth 分娩 5

Christianity 基督教 13, 141—145

Chrysaor 克律萨俄耳 134

Clement of Alexandria 亚历山大的克莱芒 142

Coinage 硬币，钱币，银币，金币 74, 101, 125, 149

Connelly, J.B. 康奈利 116—117

Constantine 康斯坦丁 143—144

Constantinople 君士坦丁堡 144

Cook. A.B. 库克 9—10

Corinth 科林多 125

crow 乌鸦 7, 85, 124

Cumae 库迈 124

Cyprus 1 塞浦路斯岛 35—36

Dark Ages 黑暗时代 94, 96

Deiphobos 得伊福玻斯 69

Delian League 德洛同盟 108

Delphi 德尔斐 102, 132

Demeter 德墨忒耳 84, 131

Demophoon 得摩福翁 84

Detienne, M. 德蒂安 6, 10, 19, 33

Diana 狄安娜 133

Diasia festival 狄阿西亚节 76

Diisoteria festival 狄索特里亚节 79

Diomedes 狄奥墨德斯 11, 55, 68, 128—129

Dionysos 狄奥尼索斯 23, 134

Dipolieia festival 狄波里埃亚节 76

^dKA.ZAL 卡扎尔 20

Dougherty, C. 多尔蒂 22

Dowden, K. 道登 76

Downing, C. 唐宁 155

Dumezi 杜迈兹 20

Eileithyia 埃勒提雅 23, 25

El 埃尔 135

Ehrenberg, V. 埃伦伯格 94

Elizabeth I 伊丽莎白一世 147

Enki 恩基 20

Erechtheion 厄瑞克提翁神庙 109

Erechtheus 厄瑞克透斯 81, 95—96, 116

Erichthonios 厄里克托尼奥斯 11, 53, 66, 74—75, 81—85, 88, 90, 92, 100, 108, 116, 118, 120, 133

Eumolpos 欧摩尔波斯 116—117

Farnell, L.R. 法内尔 9, 10, 46

feminist theory 女权主义理论 13, 34, 153—155

fertility 生育 12

Firmicus Maternus 费尔米库斯 143—144

French Revolution 法国大革命 148—149

Freud, S. 弗洛伊德 7, 153

Gaia 盖娅 29

Ge 盖娅 82—83

Giodano, L. 吉奥达诺 146

Goddess Movement 女神运动 9, 34—35

Gorgon 戈尔贡 23, 56, 61, 125, 127—128, 141

Gorgoneion 戈尔贡形饰 7

Gythion 吉提翁 124

Haliartos 哈利亚尔托斯 124

Harrison, J. 哈里森 9, 34, 37, 154

health 健康 6

Hegel, G.W.F. 黑格尔 92

Hektor 赫克托耳 69—70

Helen 海伦 49

Hephaisteion 赫淮斯特翁神殿 52

Hephaistos 赫菲斯托斯 6, 10, 17—18, 20—22, 31, 50—54, 80—82, 115, 117, 134, 146

Hera 赫拉 25, 29, 65, 115, 128

Herakles 赫拉克勒斯 6, 11, 21, 25, 58, 62—67, 100, 130, 135

Herington, C.J. 赫灵顿 39

Herse 赫尔塞 84

Hesiod, *Theogony* 赫西俄德《神谱》29—30; *Works and Days*《工作与时日》52

Hippias 希庇亚斯 101

Hittites 赫梯 19, 20, 42—43

Homer, *Iliad* 荷马《伊利亚特》18, 26, 48, 51, 55, 65, 68—71, 95—96; *Odyssey*《奥德修纪》3, 6, 18, 35, 49, 52, 63—

64, 95—96, 158

Homeric Hymn to Aphrodite 《荷马颂诗：致阿芙洛狄忒》45

Homeric Hymn to Athena 《荷马颂诗：致雅典娜》5, 25—26

Homeric Hymn to Delian Apollo 《荷马颂诗：致德洛斯岛的阿波罗》26—27

Homeric Hymn to Pythian Apollo 《荷马颂诗：致皮提亚的阿波罗》25

horsemanship 马术 5

Idalion 伊达里昂 135

Inachos river 伊纳科斯河 129

Inanna 伊南娜 20, 41, 43

Iodama 伊奥达玛 130

Iolaos 伊俄拉俄斯 58

Irigaray, L. 伊利格瑞 154

Jason 伊阿宋 6, 49, 61, 63

Just, R. 贾斯特 82

Kassandra 卡珊德拉 70

Kekrops 凯克洛普斯 66, 79—80

Klytaimnestra 克吕泰涅斯特拉 31, 40

Koroneia 克洛内亚 124

Kumarbi 库玛尔比 20

Kronos 克罗诺斯 18, 29, 142—143

Kyknos 库克诺斯 65

Larnaka-tis-Lapethou 拉尔纳卡－提斯－拉佩托 135—136

Leduc, C. 勒杜克 67

Leto 勒托 132

Leuktra 莱乌克特拉 124

Lévi-Strauss, C. 列维－施特劳斯 46

Lindos 林多斯 124

Linear B tablets 使用线形文字 B 的石碑 42, 95

London Metropolitan Police 伦敦警察局 149

Loraux, N. 罗劳科斯 120

Lucian, *Dialogues of the Gods* 路吉阿诺斯《诸神对话》17

Lybia 利比亚 19

Maier, M. 梅耶 146

Marmaria 玛尔玛利亚 132

Mantegna 曼特纳 145

Medea 美狄亚 61

Medici, Catherine de' 凯瑟琳·德·美第奇 147

Medici, Marie de' 玛丽·德·美第奇 147—148

Medusa 美杜莎 61, 71, 130, 134, 153

Megakles 麦伽克勒斯 99

Megalopolis 美嘉洛波利斯 125

Melanippos 美拉尼波斯 66

Melqart 美耳卡特 135

Menos 武力 54—55

Mesopotamia 美索不达米亚 20, 41, 43

metalwork 冶金,金工, 5, 51, 127

Metaneira 墨塔涅拉 85

Metis (quality) 狡猾/智慧 6, 10, 11, 30, 47—50, 54—55, 58, 61

Metis (goddess/personification) 墨提斯 9, 18, 28, 29, 30, 31, 142, 151

Millett, K. 米利特 36—37

Milton, J. 弥尔顿 150—152

Minerva 密涅瓦 136

Minoans 米诺斯 38—40, 42

Mount Kithaeron 基泰隆山 132

Mount Lykabettos 吕卡贝托斯山 85

"Mourning Athena" "哀伤的雅典娜" 108

Murmix 穆尔美克斯 71

music 音乐 6

Mycenae 迈锡尼 12, 39, 124

Mycenaean Period 迈锡尼文明时期 94, 96

Nausikaa 瑙西卡 64

Near East 近东 19, 21, 34, 41

Neith 奈特 41—42, 135

Nilssen, M.P. 尼尔森 34, 38—39, 41

Odysseus 奥德修斯 6, 49, 62—64

Oedipus 俄狄浦斯 29

Old Bailey 老贝利街 3

olive 橄榄 74, 78, 80, 125

Olympic Games 奥林匹亚赛会 99

Olympieia festival 奥林匹亚节 76

Orestes 奥瑞斯忒斯 154

Otto, W.F. 奥托 59

Ouranos 乌拉诺斯 18, 29

owl 猫头鹰 7, 20, 74, 101, 124—125, 141

Palatine Anthology 《帕拉廷文集》51

Palladion 雅典娜神像 51, 68, 129

Pallas 帕拉斯 51, 54, 71

Panathenaia 泛雅典娜节 12, 77, 98, 106, 108, 114—116

Pandora 潘多拉 118, 120

Pandrosos 潘德洛索斯 81, 84—85

Paris 帕里斯 68

Paris School 巴黎学派 10, 19, 46

Paros 帕罗斯岛 124

Parthenon 帕特农神庙 3, 77, 105, 110—120

Pausanias 鲍萨尼阿斯 88—89, 97

Pegasos 佩伽索斯 48, 125, 134

Peisistratid tyranny 庇西斯特拉图僭政 12, 76, 96, 101

Peisistratos 庇西斯特拉图 92, 99—101

Penelope　佩涅洛佩 72

Penglase, C.　彭格拉斯 20

Peplos　女士长袍 52, 77, 98

Perikles　伯里克利 110

Persephone　佩耳塞福涅 131

Perseus　佩耳修斯 6, 11, 61, 63

Persian Wars　波斯战争 12, 74, 88, 102—103, 106

Phaleron　法勒隆 103

Pheidias　菲迪亚斯 88, 106, 111, 144

Phoenicians　腓尼基人 135—136

Phye　佩伊 99—100

plough　犁 71

Plynteria festival　普林特里亚节 103, 129

Polignac, F. de　波利尼亚克 96

Poseidon　波塞冬 5, 10, 47—50, 71—72, 75, 79—80, 110, 125

pottery　陶工 51

Powell, B.　波威尔 88

Praxithea　普拉克西提亚 116—117

"Pre-Parthenon" or "Older Parthenon"　"前帕特农神庙"或称"老帕特农神庙" 102, 106

Prometheus 普罗米修斯 18

Pythian Games 皮提亚竞技会 99

Quinquatrus festival 五日节 136

Rehak, P. 雷哈克 40

Resheph 利悉 135

Rhea 瑞娅 29

Rich, A. 里奇 154

Roth, P. 罗斯 149

Rubens 鲁本斯 148

Ruskin, J. 鲁斯金 54

St Paul 圣保罗 75

Sais 塞易斯 135

Salamis 萨拉米斯 103, 106

Samos 萨摩斯岛 124

Serpent 毒蛇 7, 88

Shearer, A. 希勒 155

Solon 梭伦 77

Sourvinou-Inwood, C. 索维诺尔－英伍德 96

Sparta 斯巴达 124—128

spear 矛 21

Sphinx 斯芬克斯 7

Statue of Athena Parthenos 雅典娜·帕特农雕像 88, 111, 144

Statue of Lemnian Athena 青铜像"莱姆诺斯岛的雅典娜" 106—107

Statue of Liberty 自由女神像 3, 149

Sterope 斯忒洛佩 128

structuralism 结构主义 10

Stympalos 斯廷帕洛斯 124

Teffeteller, A. 泰弗特勒 42

Tegea 忒革亚 124, 128, 130

Teiresias 忒瑞西阿斯 129

Telemachos 忒勒玛霍斯 49

Temple of Athena Nike 雅典娜·尼凯神庙 109

Temple of Athena Polias 雅典娜·波利阿斯神庙 85, 101, 109

Temple of Zeus at Olympia 奥林匹亚宙斯庙 64

Temple of Zeus Olympios 宙斯·奥林匹奥斯神庙 76, 101

Teššub 忒苏布 20

Thatcher, M. 撒切尔 13, 36, 72

Theseus 忒修斯 72

thunderbolt 雷电 21

Titans 提坦诸神 134

Triton 特里同 19, 79, 130

Troizen 特罗曾 124—125

Trojan Horse 特洛亚木马 48, 51, 70

Trojan War 特洛亚战争 60, 68

Tydeus 提丢斯 65—66

Vernant, J.-P. 韦尔南 6, 10, 19, 33, 46

Virgin Birth, the 童贞女生子 82

Virgin Mary 圣母玛利亚 144—145

warfare 战争 5

women's work 女红 5, 51—52, 120

wooden walls 木墙 103

Woolf, V. 伍尔夫 105

Zeus 宙斯 4, 6, 8—9, 17—18, 21—22, 28—29, 67, 75—79, 110, 114—116, 134, 146

Zoster 佐斯特 132

附录：古代世界的诸神与英雄译名表
（希腊语—拉丁语—英语—汉语）

A

Ἄβαι Abae Abae　　阿拜

Ἀγαμέμνων Agamemnon Agamemnon　　阿伽门农

Ἀγησίλαος Agesilaos Agesilaos　　阿盖西劳斯

Ἀγλαΐα Aglaea/Aglaia Aglaea　　阿格莱亚

Ἄγλαυρος Aglauros Aglauros　　阿格劳洛斯

Ἀγχίσης Anchises Anchises　　安喀塞斯

Ἅδης Hades Hades　　哈得斯

Ἄδωνις Adonis Adonis　　阿多尼斯

Ἀθάμας Athamas Athamas　　阿塔马斯

Ἀθηνᾶ Minerva Athena　　雅典娜 / 密涅瓦

Αἴας Aiax Aias/Ajax　　埃阿斯

Αἴγιστος Aegisthus Aegisthus　　埃吉斯托斯

Αἴθρα Aithra Aithra　　埃特拉

Αἰνείας Aeneas/Aeneus Aeneas　　埃涅阿斯

Ἀλφειός Alpheios Alpheios　　阿尔费奥斯

Ἄμμων Ammon Ammon/Amun　　阿蒙（古埃及太阳神）

Ἀμφιτρίτη Amphitrite Amphitrite　安菲特里忒

Anat　阿娜特（闪米特战争女神）

Anaïtis/Anahita　阿娜提斯/阿娜希塔（波斯-亚美尼亚女神）

Ἀνδρομάχη Andromache Andromache　安德洛玛克

Anu　阿努（赫梯天神）

Ἀπέσας Apesas Apesas　阿佩萨斯

Ἀπόλλων Apollo Apollo　阿波罗

Ἀργειφόντης Argeiphontes Argeiphontes　阿耳癸丰忒斯

Ἄρης Mars Ares　阿瑞斯

Ἀριάδνη Ariadne Ariadne　阿里阿德涅

Ἁρμονία Harmonia Harmonia　哈耳摩尼亚

Ἀρισταῖος Aristaeus Aristaeus　阿里斯泰奥斯

Ἄρτεμις Artemis,Diana Artemis　阿耳忒弥斯/狄安娜

Ἀσκληπιός Aesculapius Asclepius　阿斯克勒庇俄斯

Astarte　阿施塔忒（腓尼基女神）

Ἀστερία Asteria Asteria　阿斯忒里亚

Ἄτλας Atlas Atlas　阿特拉斯

Ἀτρεύς Atreus Atreus　阿特柔斯

Ἀφροδίτη Venus Aphrodite　阿芙洛狄忒/维纳斯

Ἀχιλλεύς Achilleus Achilles　阿喀琉斯

Ἄψυρτος Apsyrtus Apsyrtus　阿普绪耳托斯

B

Βελλεροφῶν Bellerophon Bellerophon　柏勒洛丰

Βοώτης Boutes Boutes　布特斯

Βριάρεως Briareos Briareos　布里阿瑞奥斯

Βρισηΐς Briseis Briseis　布里塞伊斯

Βρισῆος Briseus Briseus　布里修斯

Γ

Γαῖα Gaea Gaia　盖娅

Γανυμήδης Catamitus/Ganymedes Ganymede　伽努墨德斯

Γλαυκός Glaucus Glaukos　格劳科斯

Γῆρας Geras Geras　革剌斯

Γίγαντες Gigantes Gigantes　癸干忒斯

Γύγης Gyges Gyges　巨吉斯

Gula　古拉（美索不达米亚治愈女神）

Δ

Δαίδαλος Daedalus Daedalus　代达罗斯

Δαναός Danaus Danaus　达那奥斯

Δάφνη Daphne Daphne　达芙妮

Δελφύς Delphus Delphus　德尔福斯

Δευκαλίων Deucalion Deucalion　丢卡利翁

Δηίφοβος Deiphobos Deiphobos　得伊福玻斯

Δημήτηρ Demeter Demeter　德墨忒耳

Δημοφόων Demophoon Demophoon　德摩福翁

Δίκη Dike Dike　狄刻

Διοκλῆς Diocles Diokles　狄奥克勒斯

Διομήδης Diomedes Diomedes　狄奥墨德斯

Διόσκουροι Dioscuri Dioscuri　狄奥斯库里

Διώνη Dione Dione　狄奥涅

Δόλων Dolon Dolon　多伦

Dyáus Pitar　道斯·彼塔（印度教天父）

Dumuzi/Tammuz　杜穆兹/塔穆兹（苏美尔的英雄/神）

Δύναμις Dynamis Dynamis　丢纳弥斯

E

Εἰλείθυια Eileithyia Eileithyia　埃勒提雅

Εἰρήνη Eirene Eirene　埃瑞涅

Ἑκάτη Hekate Hekate　赫卡忒

Ἕκτωρ Hector Hector　赫克托耳

Ἕλενος Helenus Helenus　赫勒诺斯

Ἕλλη Helle Helle　　赫勒

Enki　　恩基（苏美尔欺诈之神）

Ἐνοδία Enodia Enodia　　埃诺狄亚

Ἐνυώ Enyo Enyo　　厄倪俄

Ἐρεχθεύς Erechtheus Erechtheus　　厄瑞克透斯

Ἔρις Eris Eris　　厄里斯

Ἐριχθόνιος Erichthonios Erichthonios　　厄里克托尼奥斯

Ἑρμῆς Hermes Hermes　　赫耳墨斯

Ἑρμιόνη Hermione Hermione　　赫耳弥奥涅

Ἔρως Eros,Amor Eros　　爱若斯 / 阿莫耳

Ἕσπερος Hesperos Hesperos　　赫斯佩洛斯（昏星）

Ἑστία Hestia/Vesta Hestia　　赫斯提亚 / 维斯塔

Εὐδόρος Eudoros Eudoros　　欧多罗斯

Εὔμαιος Eumaeus Eumaeus　　欧迈奥斯

Εὔμολπος Eumolpos Eumolpos　　欧摩尔波斯

Εὐνομία Eunomia Eunomia　　欧诺弥亚

Εὐρυνόμη Eurynome Eurynome　　欧律诺墨

Εὐρώπη,Εὐρώπα Europa Europa　　欧罗巴

Εὐφροσύνη Euphrosyne Euphrosyne　　欧佛洛绪涅

Ἐπιμηθεύς Epimetheus Epimetheus　　厄庇米修斯

Ἕως Eos Eos　　厄俄斯

Εωσφόρος Eosphoros Eosphoros　厄俄斯珀洛斯（晨星）

Z
Ζεύς Zeus Zeus　宙斯

Ζέφυρος Zephyros Zephyros　泽费罗斯

Ζῆθος Zethus Zethus　泽托斯

H
Ἥβη Hebe Hebe　赫柏

Ἥλιος Helios Helios　赫利奥斯

Ἥρα Hera Hera　赫拉

Ἡρακλῆς Herakles Herakles　赫拉克勒斯

Ἥφαιστος Hephaestus Hephaestus　赫菲斯托斯

Θ
Θάλεια Thalia Thalia　塔利亚

Θάνατος Thanatus Thanatos　塔纳托斯

Θέμις Themis Themis　忒弥斯

Θέτις Thetis Thetis　忒提斯

Θησεύς Theseus Theseus　忒修斯

I

Ἰάλεμος Ialemus Ialemus 伊阿勒摩斯

Ἰάσων Jason Jason 伊阿宋

Ἱέρων Hieron Hieron 希耶罗

Ἵμερος Himeros Himeros 希墨洛斯

Inanna 伊南娜（苏美尔爱神）

Ἰξίων Ixion Ixion 伊克西翁

Ἰοδάμα Iodama Iodama 伊奥达玛

Ἰόλαος Iolaos Iolaos 伊俄拉俄斯

Ἱππόλυτος Hippolytus Hippolytus 希波吕托斯

Ἶρις Iris Iris 伊里斯

Ἶσις Isis Isis 伊西斯

Ishtar 伊诗塔

Ἰφιάνασσα Iphianassa Iphianassa 伊菲阿纳萨

Ἰφιγένεια Iphigeneia Iphigeneia 伊菲革涅亚

Ἰφιμέδη Iphimede Iphimedê 伊菲梅德

Ἰώ Io Io 伊娥

Ἴων Ion Ion 伊翁

K

Κάδμος Kadmos Kadmos　卡德摩斯

Καλλιόπη Calliope Calliope　卡利俄佩

Καλυψώ Calypso Calypso　卡吕普索

Καρνεῖος Carneius Carneius　卡内乌斯

Κασσάνδρα Kassandra Kassandra　卡珊德拉

Κάστωρ Castor Castor　卡斯托耳

Κέρβερος Cerberus Cerberus　刻耳贝洛斯

Κλυταιμνήστρα Klytaimnestra Klytaimnestra　克吕泰涅斯特拉

Κορωνίς Coronis Coronis　科洛尼斯

Κρεσφόντης Kresphontes Kresphontes　克瑞斯丰忒斯

Κρόνος Cronus Cronos　克罗诺斯

Κυβέλη,Κυβήβη Cybele Cybele　库柏勒

Κύκνος Kyknos Kyknos　库克诺斯

Κυρήνη Cyrene Cyrene　昔兰尼

Λ

Λάϊος Laius Laius　拉伊俄斯

Λαομέδων Laomedon Laomedon　拉俄墨冬

Λήδα Leda Leda　勒达

Λητώ Leto/Latona Leto 勒托 / 拉托娜

Λῖνος Linus Linus 利诺斯

Λύκτος Lyktos Lyktos 吕克托斯

M

Μαῖα Maia Maia/Maea 迈娅

Marduk 马耳杜克（巴比伦主神）

Μάρπησσα Marpessa Marpessa 玛耳佩萨

Μαρσύας Marsyas Marsyas 玛耳绪阿斯

Μαχάων Machaon Machaon 玛卡翁

Μεγακλῆς Megakles Megakles 麦伽克勒斯

Μέδουσα Medusa Medusa 美杜莎

Μελάνιππος Melanippos Melanippos 美拉尼波斯

Μελίτη Melite Melite 美利忒

Μελπομένη Melpomene Melpomene 美尔波墨涅

Μετάνειρα Metaneira Metaneira 美塔内拉

Μήδεια Medea Medea 美狄亚

Μηριόνης Meriones Meriones 美里奥涅斯

Μῆτις Metis Metis 墨提斯

Μίλητος Miletus Miletus 米勒托斯

Μίνως Minos Minos 米诺斯

Μνημοσύνη Mnemosyne Mnemosyne　摩涅莫绪涅

Μοῖραι Moirai Moirai　莫依赖/命运三女神

Μοῦσα,Μοῦσαι Musa,Musae Muse,Muses　缪斯

Μουσαίος Musaeus Musaeus　缪塞奥斯

N

Nanaya　娜娜雅

Ναυσικᾶ Nausikaa Nausikaa　瑙西卡

Νέμεσις Nemesis Nemesis　涅美西斯

Νηρηῖδες Nereids Nereids　涅瑞伊得斯

Νέστωρ Nestor Nestor　涅斯托尔

Νηλεύς Neleus Neleus　涅琉斯

Νηρεύς Nereus Nereus　涅柔斯

Νιόβη Niobe Niobe　尼俄柏

Νύμφης Nymphs Nymphs　宁芙

O

Ὀδυσσεύς Odysseus,Ulixes,Ulysses Odysseus　奥德修斯/尤利克塞斯/尤利西斯

Οἴαγρος Oeagrus Oeagrus　奥厄阿革洛斯

Οἰδίπους Oedipus Oedipus　俄狄浦斯

Ὅμηρος Homerus Homer　荷马

Ὀρέστης Orestes Orestes　奥瑞斯忒斯

Ὀρφεύς Orpheus Orpheus　俄耳甫斯

Ὄσιρις Osiris Osiris　奥西里斯

Οὐρανός Ouranos Ouranos　乌拉诺斯

Π

Παιών, Παιάν Paeon, Paean Paeon　派翁

Πάλλας Pallas Pallas　帕拉斯

Πάν Pan Pan　潘

Πάνδαρος Pandarus Pandaros　潘达罗斯

Πάνδροσος Pandrosos Pandrosos　潘德罗索斯

Πανδώρα Pandora Pandora　潘多拉

Παρθένος Parthenos Parthenos　帕特诺斯（克里米亚神祇）

Πάρις Paris Paris　帕里斯

Πάτροκλος Patroclus Patroclus　帕特罗克洛斯

Πειρίθοος Peirithoos Peirithoos　佩里图斯

Πέλευς Peleus Peleus　佩琉斯

Πέλοψ Pelops Pelops　佩罗普斯

Περσεύς Perseus Perseus　佩耳修斯

Περσεφόνη Persephone/Proserpina Persephone　佩耳塞福涅

Πήγασος Pegasus/Pegasos Pegasus　佩伽索斯

Πηνειός Peneius Peneius　佩纽斯

Πηνελόπη Penelope Penelope　佩涅洛佩

Πιερίδες Pierides Pierides　庇厄里得斯

Πλούτων Plouton Pluto　普鲁托

Ποδαλείριος Podalirius/Podaleirius Podalirios　波达勒里奥斯

Πολύφημος Polyphemus Polyphemus　波吕斐摩斯

Ποσειδῶν Poseidon/Neptunus Poseidon　波塞冬 / 尼普顿

Πρίαμος Priamos Priam　普里阿摩斯

Προμηθεύς Prometheus Prometheus　普罗米修斯

Πτώιος Ptoios Ptoios　普托伊奥斯

Πυθία Pythia Pythia　皮提亚

Πύθων Python Python　皮同

P

Ῥέα Rhea Rhea　瑞娅

Σ

Σαρπηδών Sarpedon Sarpedon　萨耳佩冬

Σάτυρος Satyrus Satyr　萨蒂尔

Σειρήν Sirens Sirens　塞壬

Σεμέλη Semele Semele 塞墨勒

Σπερχειός Spercheius Spercheius 斯佩耳凯奥斯

Στερόπη Sterope Sterope 斯忒洛佩

Σφίγξ sphinx sphinx 斯芬克斯

T

Τάρταρος Tartarus Tartarus 塔耳塔罗斯

Τειρεσίας Teiresias Teiresias 忒瑞西阿斯

Τεῦκρος Teukros Teukros 透克洛斯

Τηλεμάχος Telemachos Telemachos 忒勒玛霍斯

Τήλεφος Telephus Telephos 忒勒福斯

Τηθύς Tethys Tethys 泰堤斯

Tiamat 提亚玛特（巴比伦混沌母神）

Τιθωνός Tithonus Tithonus 提托诺斯

Τιτᾶνες Titans Titans 提坦

Τιτυός Tityos Tityos 提图奥斯

Τρίτων Triton Triton 特里同

Τρώς Tros Tros 特洛斯

Τυδεύς Tydeus Tydeus 提丢斯

Turan 图兰（伊特鲁里亚爱神）

Τυνδάρεος Tyndareus Tyndareus 廷达瑞俄斯

Τυρώ Tyro Tyro　提洛

Τυφῶν Typhon Typhon　提丰

Y

Ὑάκινθος Hyacinthus Hyacinthus　许阿辛托斯

Ὕδρα Hydra Hydra　许德拉

Ὕλας Hylas Hylas　许拉斯

Ὑμέναιος Hymenaeus/Hymenaios Hymenaeus/Hymen 许墨奈奥斯 / 许门

Ὑπερίων Hyperion Hyperion　许佩里翁

Ushas　乌莎斯（吠陀黎明女神）

Φ

Φαέθων Phaeton Phaeton　法厄同

Φαίδρα Phaedra Phaedra　菲德拉

Φήμιος Phemius Phemius　费弥奥斯

Φιλάμμων Philammon Philammon　菲拉蒙

Φιλήμων Philemon/Philemo Philemon　菲勒蒙

Φινεύς Phineus Phineus　菲内乌斯

Φοίβη Phoibe Phoibe　福柏

X

Χάος Chaos Chaos　卡俄斯

Χάρις Charis Charis　卡里斯

Χάριτες Charites Graces　卡里忒斯 / 美惠三女神

Χείρων Chiron/Cheiron Chiron　喀戎

Χρυσάωρ Chrysaor Chrysaor　克律萨奥耳

Ω

Ωκεανός Oceanos Oceans　奥刻阿诺斯

Ὧραι Horae Horae　荷莱 / 时序三女神

Ὠρίων Orion Orion　奥里翁

（张鑫、玛赫更里　编）

跋"古代世界的诸神与英雄"

"古代世界的诸神与英雄"主编苏珊(Susan Deacy)教授,欣然为中文版专文序介丛书缘起,她撰写的"前言"始于这样一个问题:"什么是神?"说的是公元前6世纪古希腊抒情诗人西摩尼德斯(Simonides of Ceos),如何受命回答这个问题。故事源自西塞罗《论神性》(*De Natura Theorum*, 1.22):对话中,学园派科塔(Gaius Cotta)愤而驳斥伊壁鸠鲁派维莱乌斯(Gaius Velleius)"愚蠢的"神性论说,认为就"神的存在或本质"(quid aut quale sit deus)而言,他首推西摩尼德斯;而向诗人提出"什么是神?"的人,正是叙拉古僭主希耶罗(tyrannus Hiero);就此提问,诗人再三拖延,终于以"思考越久事情就越模糊"不了了之;按科塔的说法,"博学和有智慧"(doctus sapiensque)的诗人,对回答僭主的问题感到"绝望"(desperasse)。

启蒙哲人莱辛(Lessing)称抒情诗人西摩尼德斯为"希腊的伏尔泰"(griechischer Voltaire):想必因为"西摩尼德斯与希耶罗"的关系有似于"伏尔泰与腓特烈大帝"。1736年,伏尔泰与尚为王储的腓特烈首次书信往还:当年8月8日,腓特烈致信伏尔泰,说他正在将沃尔夫(Chr. Wolff)的文章《对上帝、世界和人类灵魂及万物的理性思考》("Vernünftige Gedanken von Gott, der Welt und der Seele des Menschen, und allen Dingen überhaupt")译成法语,一俟完成就立刻寄给伏尔泰阅正。如此,直至1777—1778年间最后一次书信往还,上帝或神学政治问题,一直是两者探讨的重要主题。

尤为值得一提的是,1739年王储腓特烈写成《反马基雅维利》(Der Antimachiavell),伏尔泰超常规全面修订,让这本书的作者成为"公开的秘密",其核心主题之一也是"神学政治论"。譬如,"第六章:君主建国靠的是他的勇气和武器"中,腓特烈或伏尔泰认为,马基雅维利将摩西(Moses)擢升到罗慕路斯(Romulus)、居鲁士(Cyrus)和忒修斯(Theseus)等君主之列,极不明智;因为,如果摩西没有上帝的默示,他就和悲剧诗人的"机械降神"没有两样;如果摩西真有上帝的默示,他无非只是神圣的绝对权力的盲目的奴仆。如果所有神学政治问题都可以还原到"什么是神",既然从古代城邦僭主到近代开明专制君主都关注这个问题,"什么是神"的问题必定攸关其僭政或专制主权。

中华儒学正宗扬雄《法言·问神》开篇"或问'神'。曰:'心'"。用今人的话说,就是"有人问'什么是神?'答曰:神就是'心'"。中国先哲就"什么是神"设问作答毫不含糊隐晦,与古希腊诗人西摩尼德斯"绝望"差别大矣哉!扬雄有见于"诸子各以其知舛驰,大氐诋訾圣人,即为怪迂","故人时有问雄者,常用法应之,撰以为十三卷,象《论语》,号曰《法言》。"(《汉书·扬雄传》)正因孔子"无隐尔乎"(《论语·述而》),扬雄效法圣人自然直言不讳:"潜天而天,潜地而地。天地,神明而不测者也。心之潜也,犹将测之,况于人乎?况于事伦乎?"就"问神"卷大旨,班固著目最为切要:"神心忽恍,经纬万方,事系诸道德仁谊礼。"(《汉书·扬雄传》)可见,中国先哲认为,"神"就是可以潜测天地人伦的"心",这既不同于古希腊诸神,更不同于犹太基督教的上帝。

以现代学术眼光观之,无论《荷马史诗》还是《旧约全书》,西方文明的原始文献就是史诗或叙事,其要害就是"神话"(mythos)。虽然在《牛津古典词典》这样的西方古典学术巨著中竟然找不到"神话"词条(刘小枫《古希腊"神话"词条》),作为叙事的"神话"终究是西方文明正宗。西北大学出版社鼎力支持编译出版"古代世界的诸神与英雄"丛书,正是有鉴于此。

黄瑞成
癸卯春末于渝州九译馆
谷雨改定

著作权合同登记号：陕版出图字 25-2020-194
图书在版编目（CIP）数据

雅典娜 /（英）苏珊·迪西著；黄卓尔译 . —西安：西北大学出版社，2023.10
（古代世界的诸神与英雄 / 黄瑞成主编）
书名原文：Athena
ISBN 978-7-5604-5152-7

Ⅰ.①雅典娜… Ⅱ.①苏…②黄… Ⅲ.①神—研究—古希腊 Ⅳ.① B933

中国版本图书馆 CIP 数据核字（2023）第 104489 号

Athena，1 edition By Susan Deacy /9780415300667
Copyright © 2008 by Routledge
Authorized translation from English language edition published by Routledge, an imprint of Taylor & Francis Group LLC All Rights Reserved. 本书原版由 Taylor & Francis 出版集团旗下 Routledge 出版公司出版，并经其授权翻译出版。版权所有，侵权必究。
NORTHWEST UNIVERSITY PRESS Co.,Ltd. is authorized to publish and distribute exclusively the Chinese (Simplified Characters) language edition. This edition is authorized for sale throughout Mainland of China. No part of the publication may be reproduced or distributed by any means, or stored in a database or retrieval system, without the prior written permission of the publisher.
本书中文简体翻译版授权由西北大学出版社有限责任公司独家出版并在限在中国大陆地区销售。未经出版者书面许可，不得以任何方式复制或发行本书的任何部分。
Copies of this book sold without a Taylor & Francis sticker on the cover are unauthorized and illegal.
本书封面贴有 Taylor & Francis 公司防伪标签，无标签者不得销售。

雅典娜

[英]苏珊·迪西 著　黄卓尔 译
出版发行：西北大学出版社
（西北大学校内　邮编：710069　电话：029-88302621　88303593）

经　　销：	全国新华书店
印　　装：	陕西博文印务有限责任公司
开　　本：	787mm×1092mm　1/32
印　　张：	9.625
字　　数：	170 千字
版　　次：	2023 年 11 月第 1 版
印　　次：	2023 年 11 月第 1 次印刷
书　　号：	ISBN 978-7-5604-5152-7
定　　价：	78.00 元

本版图书如有印装质量问题，请拨打电话 029-88302966 予以调换。